映画「チア☆ダン」のロケで天海祐希さんと。出演者とスタッフの皆さんにエールを届けようとJETSで応援に行き、演技を見ていただいたあとのツーショット。生徒たちも女優さんにお会いできて大喜び！「映画になるだけでも感激なのに、天海さんが私の役を演じてくださるなんて!」と夢のようなひととき。

全米大会NDA National Championship（フロリダ州オーランド）で優勝した際の演技。
高校の英語の教科書にこの写真とともに記事が掲載されました。

全米大会で優勝したあとのご褒美で「ユニバーサル・スタジオ・フロリダ」で1日満喫。
5代目と6代目の元気な精鋭たち。

校内の武道場で踊る10代目JETS。右半分は剣道場、左半分は柔道場で畳が敷かれています。しかも真ん中には段差。練習しにくい環境でも不満を言わず練習するのがJETS流。現在は、ようやく床がフラットになりました。ご協力くださった皆さんには感謝です。

映画「チア☆ダン」の試写会の際に集まってくれた卒業生たち。JETSのOGは私の宝。最前列は初代JETSです。また、私の右隣はJETSの立ち上げからいつも支えてくれた私の信頼する右腕、副顧問の小谷恭子先生。私の戦友です。

2020年に設立した「一般社団法人チアドリームプロジェクト」のステージ。JETSとともに公演活動や「夢ノート」の講演などを通して県内外で活躍中です。幸せな笑顔と夢あふれる「チアのまち福井」を実現します。

公式ホームページ
https://cheer-dream.jp

オンラインサイト
https://shop.cheer-dream.jp/

CHEER_DREAM_PROJECT

Instagram
https://www.instagram.com/cheer_dream_project/

いつだって人は変われる

夢をかなえる魔法の言葉

五十嵐裕子
福井県立福井商業高校
チアリーダー部「JETS」顧問

内外出版社

はじめに
いつも「言葉」が私を励ましてくれた

この本を手に取っていただき、ありがとうございます。
福井県で体育教師をしている五十嵐裕子と申します。

私が立ち上げて顧問を務める福井商業高等学校チアリーダー部「ＪＥＴＳ」は、今年（２０２５年）の春で創部19年を迎え、来年はいよいよ20周年の年となります。

「ジェット機のエンジンが噴射して大空に飛び立つように急成長し、世界に羽ばたいてほしい」

……チーム名につけた思いと同じように、ＪＥＴＳの生徒たちと体験したことも、取り巻く環境も、すべてがあっという間に変化しながら過ぎていきました。

創部当時10年はかかるであろうと思った全米大会での優勝も、おかげさまで2年後には達成、その後も優勝を重ね、通算9回もの全米大会優勝を成し遂げました。全米大会優勝を経験した生徒は200名近くにのぼります。

・NDA National Championship Team Performance部門7回優勝（フロリダ州オーランド）

・JAMZ All Star Dance Nationals Senior Variety部門2回優勝（ネバダ州ラスベガス）

また、2018年にはニューヨークでの公演を敢行。会場はあの「カーネギーホール」です。アメリカの舞台で堂々と演技し、英語でスピーチする生徒たちに現地の方々からは賞賛の声をいただきました。

国外の活躍だけではありません。全日本チアダンス選手権大会のチアダンス部門（高校生編成）での優勝回数も延べ10回となりました。メンバー全員の活躍のおかげです。今ではOGも248名となりました。

さらに、驚くような体験も重ねました。

福井のJETSの実績が映画プロデューサーの平野隆氏の目にとまり、映画化されたのでした。2017年3月公開の映画「チア☆ダン～女子高生が全米制覇しちゃったホントの話～」は大ヒット作品となりました。翌年の7月には映画版の9年後を舞台としたテレビ版ドラマ「チア☆ダン」もオンエアされて話題になったことを覚えていらっしゃる方も多いと思います。

私の役は女優の天海祐希さんが演じてくださいました。信じられないようなホントの話です。そんなありえない体験の連続がこの19年間の間で目まぐるしく起こったのです。


私自身は、チアダンスの経験もなく、また学生時代の部活動で華々しい実績などひとつもない、何の取り柄もない体育教師でした。

そんな私が、生徒たちと次々に夢を叶えられたのは驚くべき事実です。私が、夢を叶えるきっかけになったのはたったひとつの映像でした。「2004年神奈川県立厚木高校ダンスドリル部が全米大会優勝!」。テレビの画面に映る、命が輝くような一糸乱れぬダンスに、私は釘づけになりました。その感動と衝撃が私を大きく突き動かしたのです。そのダンスに心を打たれた私は、

「よし! 全米大会で優勝するようなチームをつくる!」

と決めたのです。そのときの私は、画面で見たそのダンスが「チアダンス」というものだと初めて知りました。それまでチアダンスというものを見たことも聞いたこともなかったのです。

それから私は全米優勝という夢を叶えるために実践する事柄を**「夢ノート」**に書き始めました。といってもチアダンスど素人の私には、

「どのようにして一流チームをつくるのか」

「一流のアスリートの考え方とは」

「一流の指導者とは」

など知る由もありません。ましてや近くに全米優勝を経験した方もいらっしゃいません。そこで、私は本屋さんに足を運び学ぶことにしました。そこには、ありとあらゆる答えがあったのです。それらの一つひとつを生徒たちと実践していきました。

この「夢ノート」というのは現実の状況はさておき、まず大きな夢でも小さな夢でも思いついたら自由に書くノートです。

私たちは毎日の忙しさに追われ、つい本当にしたいことを忘れがちです。そのうち夢すら忘れてしまうのです。生徒たちも日々の練習をこなすことに追われて何のために練習をしているのか忘れてしまうこともあります。

「夢ノート」を持つ17代目JETSの生徒たち。表紙には「夢」の文字や映画「チア☆ダン」の写真、憧れの先輩の姿や女優さんなどで自分だけのノートを作ります。

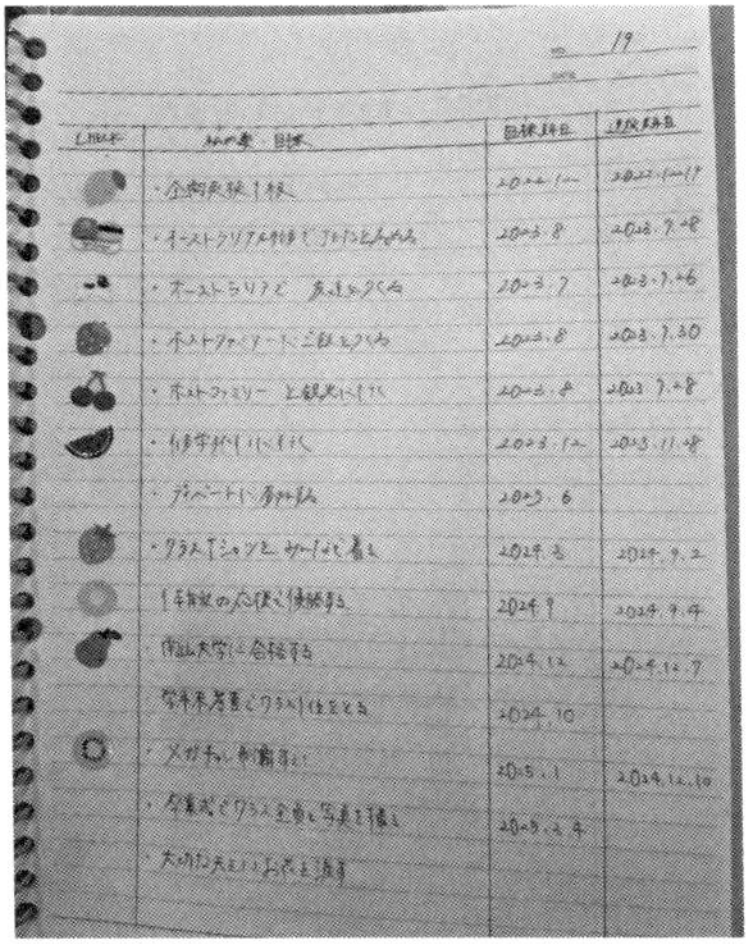

「夢ノート」の中の1ページ。「部活動」はもちろん「学校生活」「家族」「趣味」「心と体」など項目ごとにやりたいことやほしいものを期日とともに記入します。左の写真は「学校生活」の内容。叶ったらシールを貼ります。シールを貼るときも嬉しい瞬間です。

夢をはっきり文字や文で書くことは現実に起きているかのようにイメージができ、実現可能となる……ということは多くの先人が伝えています。チアダンスど素人の私と生徒が3年で夢を叶えることができたのは、この夢ノートのおかげだといっても過言ではないでしょう。

私に夢見る勇気を持たせ、夢ノートを書かせてくれたのはいつも本でした。周りからの批判にくじけそうなとき、何をやっても結果が出ないとき、自分に嫌気がさすとき、判断に迷うとき、救いを求めて本屋さんに行けば必ず答えが見つかりました。

私にとって本屋さんは薬屋さんのようなものです。中国の古典や経営者の自伝、オリンピック選手や監督の著書などから答えやヒントをいただきながら自分を奮い立たせてきました。

何者でもなかった私たちに夢を叶えさせてくれた言葉の数々。その言葉は代々JETSに受け継がれ、現在17代目となったJETSにも息づいています。

2020年からのコロナ禍で上級生と下級生を分けて練習したために、長年培ってきたJETSの文化が途切れ、優勝を逃した日々も踏ん張り続けられたのは、この言葉たちのおかげです。

「本を読むこと」で出合った、たくさんの「言葉」

何者でもなかった私たちを大きく成長させてくれました。

私自身もそうですが、生徒たちはほんの小さなきっかけで変わる可能性に満ち溢れた存在です。生徒たちがジェット噴射するがごとく、人として成長するのをたくさん見てきました。私の恩師も、私が活躍している姿を見て「五十嵐があんなことになるとは！」と驚いていらっしゃるはずです。

人との出会い、本との出合い、言葉との出合い、それらが人を変えてくれるのです。

本書では、私たちを勇気づけてくれた言葉を**「夢をかなえる魔法の言葉」**としてまとめてみました。本書が誰かの人生を応援する一粒になれることを祈っています。

五十嵐裕子

いつだって人は変われる［目次］

第2章　心をみがく言葉

第3章
動きたくなる言葉

第4章　成功を手に入れる言葉

装幀・DTP　福田和雄（FUKUDA DESIGN）
カバーイラスト　notora
校　正　馬場環
編　集　鈴木七沖

第1章

チアダン「JETS」が全米優勝できたほんとうの秘密

「福井」という〝場〟に私は育てられた

福井県は、一般財団法人日本総合研究所が発表する「全47都道府県幸福度ランキング2024年度版」において「幸福度ランキング第1位」に選ばれています。2位の東京をおさえての1位です。何と12年連続で1位をいただいています。

繊維関係や眼鏡フレームなど、ものづくり産業を中心に安定した雇用環境があることで失業率が低く、働く女性や高齢者の割合が高いことも大きな理由です。

また、子育ての分野でも待機児童率が低く、不登校児童生徒率も全国でいちばん低い水準です。子どもの運動能力も第1位。学力は第2位です。理由を挙げればきりがありませんが、すべては福井県の歴史や文化、風土が人々を育み、今日にいたっている結果だと思います。

私自身、生まれも育ちも「福井」です。小学校・中学校・高校も大学も福井。教師になってからもずっと福井です。福井の地元以外に進学しようとか、就職しようとか、思ったことがないほど福井好きです。大会や旅行で海外に行っても県外に行っても、福井に帰るといつも心からホッとしている自分がいます。田んぼに囲まれた風景が好きなのです。福井の空気と水と風土がよほど合っているのでしょう。

福井というと「福岡？」「福島？」「福井ってどこ？」と言われるほど認知度の低い県ですが、そんな福井の無名の部活動が全米優勝してしまったわけですから、当時は大騒ぎになりました。

Yahoo!ニュースで報道されたり、地元新聞の一面に掲載されたり、と大きな反響がありました。地味な県の高校生の華やかな活躍に県民の多くが喜んでくださいました。優勝の鍵は生徒たちの一糸乱れぬ演技でしたが、福井人に息づく勤勉さや女性のパワーなのかもしれません。

教師になる夢はかなったけれども……

私は学生時代から学校の教師になるのが夢でした。幼い頃からテレビや漫画で見ていた学園ドラマの影響です。単純な私は「3年B組金八先生」や「スクールウォーズ」、漫画「生徒諸君!」など教師たちの影響で子どもたちが成長していく話が大好きだったのです。見たものにすぐ影響される単純なところが私の特徴です。

4月生まれということもあり、保育園のころからリーダーを任されることが多かった私は、自然と人前に立つことが多かったように思います。リーダー役をするのも楽しんでいましたし、わりと積極的な子どもでした。ただ、高学年になると男女差が出てきます。何だか女子でいることが損に思えることが増えてきました。そのとき私はこう考えました。

「よし! 今日から男になればいいんだ。」

これまた単純な私は、友達に「今日から俺って言う」「今日からスカートはかない」「髪の毛はベリーショートにする」と宣言し、男の子を演じていったのです。担任の先生に「裕子さん、行儀が悪いわよ」と叱られてもおかまいなしで、男の子っぽい振る舞いで男の子になる夢を叶えていきました。

トイレで他のお客様にギョッとされたり、温泉で「男の子はあっち!」と言われたり。男の子ごっこが成功しているのを実感しながら楽しんでいるような変な子どもでした。今も中身はかなり男性っぽいと思いますが、年頃になり自分の性別を受け入れ、男性女性ということではなく「人間とは」を追求する中で現在にいたっています。出産を経験できたのは女性である強みですから、今は女性に生まれてよかったと思っています。

さて、私は人から悪口を言われたり、批判されたりしてもわりと平気でいられるという強みがあります。全米優勝を目指すときにも、はじめはかなり批判されました。講演などでその話をすると、

「なぜそんな中でもくじけずに信念を貫けたのですか？」

という質問をよく受けます。その質問をされるようになって、自分を分析してみたところ、家族や周りの人に大切に育てられたからではないか……ということに気づかされました。

幼少期から家族や親せき、近所のおじさんやおばさんに大切に育てられたという実感があるため「どんな自分でも応援してもらえる」という変な自信があるのです。「愛情のシャワー」をしっかり浴びさせてもらえたということが、ポジティブで積極的な精神性を育んでくれたと心から感謝しています。

そんな性格のまま大きくなったので、先に書いたテレビ番組の主人公のような教師に憧れ、

「よし！　ドラマに出てくるような先生になる！」

と夢を見るようになりました。問題児だった生徒たちが、教師との関わりを通してみるみるうちに人間的に成長していく。挫折して夢破れた生徒が教師に励まされながら立ち上がっていく。そんな奇跡のような話が大好きでした。

「人って変われるんだ」

「夢って叶うんだ」

ドラマや漫画を見る中で、そんな言葉が私の中に根づいていったのです。

そして、ようやく夢が叶い初めて配属された高校での教師生活がスタートしました。その高校は、いわゆる「荒れた学校」で、授業中も私語や暴言が飛び交うような初任者の私にとってはかなり厳しいものでした。

校則やルールを破るのは当たり前、警察のお世話になる生徒も出てくるような状況。私は、自分の置かれた境遇から逃げ出したくなりました。

まさしく毎日が学園ドラマ。あんなに憧れていた世界だったのに自分の力不足と人

としての未熟さを突き付けられ自信を失うばかり。周りの先生方も生徒たちのことをあきらめているように感じました。

毎朝学校に行くのも辛かったのですが、

「せっかく叶えた夢、どうせやるなら失敗してもいいから思いっきりやってやろう」

とある日やる気を取り戻しました。「生徒たちを変えたい」「学校を変えたい」新米教師の挑戦が始まりました。ただ、挑戦といっても「やる気と勢い」でがむしゃらに行動しただけで、すべてが未熟。採用1年目の新米教師のくせに職員会議で、

「この学校の生徒が悪いのは、教師がだめだからです！」

などと本当に学園ドラマのような発言で物議を呼びました。とにかく自信がなく、夢や希望を持っていないように見える生徒たちを、そしてその学校を、どうにかしたかったのです。

生徒たちに必要なのは愛情でした。でも私はただただ厳しく接したのです。生徒たちのことをどうしても認めてあげることができませんでした。生徒は傷ついたと思います。卒業式のとき「もう先生に会わなくてすむ」とまで言われてしまう始末。

結局その学校には11年間も勤めていましたが、やることなすこと失敗に終わったように思います。そのときの生徒や同僚の先生方には申し訳ない思いでいます。

感謝の気持ちとチアダンスとの出会い

「ああ、私はダメ教師だなあ……」

今思うと自分の傲慢《ごうまん》さが引き起こした結果でしたが、そのときは自信喪失状態。そんな失敗続きの中で気づいたことがありました。

保育園から小学校、中学校、高校、大学と私はとても楽しく人生を送ってきましたが、それは私に楽しむ才能があったからではなく、ただただ周りのおかげだったのではないかと。思い出してみると、周りのみんなが、私の提案や誘いに嫌々ながらも付き合ってくれて、助けてくれていたのだと。

友人から「火の玉」とか「台風の目のようなヤツだ」と言われることもありました。私は自分がやりたいことにまっすぐなだけで、それに周りが付き合ってくれていたんだ……と。今更ながら感謝の気持ちが湧いてきました。

なんて幸せな人生だったのか……そんなことを思うと、ここであきらめてはいけない……。いや、私をいったんあきらめよう。ダメな自分をすべて受け入れて、もう一度一からやり直そう。本気でそう思いました。

そんな決意をしたのが２００４年の1月。11年目で初めて異動希望を出しました。とはいえ、こんな私に次の学校でできることがあるだろうか……果たして次の学校で務まるのだろうか……と、不安は付きまといます。そんなとき、私の人生を大きく揺さぶる出来事が起きました。

２００４年3月のある朝。テレビの情報番組を見ているときでした。ある高校生チームが全米大会で優勝したというダンスを生中継で踊っていたのです。初めて見るその光景に衝撃を受けました。

「チア？　何これ？　女子高生が命を輝かせるように踊っている。チアダンスって何なの？」

それまで私が見てきたような生徒とはまったく違っていました。爽やかで活気に満ち溢れ、どの子からもエネルギーが伝わってきます。画面に釘づけとは、このことを言うのでしょう。

そのチームとは、神奈川県立厚木高校ダンスドリル部ＩＭＰＩＳＨ《インピッシュ》。全米チアダンス選手権大会（NDA National Championship）において日本人で初めて優勝したチームです。こんな素晴らしい女子高生たちが世の中にはいるのか！　と、私はびっくりしました。

そして、しばらく画面を見ていた私は決めたのです。

「よし！　全米優勝するようなチームをつくるぞ！」

次の赴任先の高校でチアダンスをやろうと思ったのです。今でも忘れない衝撃的な瞬間でした。

私にはチアダンスの経験があるどころか、見たのもそのときが初めて。しかも、そのときの私は自分がまだどこの高校に赴任するのかも決まっていませんでした。「馬鹿も休み休み言え」と誰かに突っ込まれそうですが、私の中では、

「次、私がやるべきはこれだ！」

と勝手に使命感が生まれていたのでした。

私の頭の中は、

「あんな女子高生たちが福井にいたら、どんなに素晴らしいことでしょう！」

と妄想が膨らんでいったのです。どこの高校に赴任するかもわからないのに熱い想いだけがどんどん湧いてきたのです。

スモールステップを大切に

テレビを見て衝撃を受けたすぐあと、新しい赴任先が決まりました。それが「福井商業高等学校」です。野球部が甲子園大会の常連で、その応援部隊としてのバトン部がありました。

チアリーダーとしての活動をしている部活動があるのは、県内の県立高校で唯一の高校です。しかも、私の前任者がバトン部の顧問でもあったので、運よく私がそのまま顧問を引き継ぐことになったのです。これはラッキー！　バトン部をチアダンスができる部活に替えればいい……と、これまた単純に考えました。

バトン部の部員は総勢55名。前任者の顧問の先生の魅力もあり、とても人気のある部活動でした。バトン部の目的は、「甲子園で野球部の応援をする」ですから、厳しい練習などしませんし、ましてや筋トレなどもしません。大会にも出ませんから、なんとなくダラダラと練習するだけ。疲れたら座ってずっと話し込むような有様です。

まずは、野球の応援ダンスをするにしても、きちんと練習させようと練習メニューを決めたり、筋トレを導入したりして指導しようとしましたが、生徒たちとかみ合いません。大好きだった前の顧問の先生に代わり、それよりもハードなことをしようと言われても聞き入れてもらえるはずもありません。それまでの練習内容や活動でみんな満足していたのです。

私は、前任校でたくさんの失敗を重ねていたので、かなり慎重になっていました。少しずつスモールステップでチアダンスに取り組ませようと目標を細分化して、一つひとつ達成させる手段でいくことにしました。

しかし、生徒たちの目的は「野球の応援」なので、「全米優勝」をもくろむ私とは、どうしても温度差が出てしまいます。ついつい熱くなってしまう私は、ときおり生徒とぶつかり合い、さらに生徒のやる気を失わせてしまいました。

新参者の私に対して、

「なぜ、あなたの言うことを聞かなくちゃいけないの？」

と不満に思うのは当たり前です。そこで、最初は自分一人でできることから動き始めることにしました。

まずはリサーチです。全国大会を見に行くことにしました。

生で見るチアダンスにまた感動です。本当に素晴らしい！　この素晴らしい体験を生徒たちにも味わわせてやりたい。でも、それをさせようにも私は踊れません。

それならばと、今度はチアダンスを習いに行くことにしました。東京で行われるチアダンスの講習会に参加することにしたのです。実際踊ってみると、これまた楽しい！

チアダンスという競技はポンダンス、ジャズ、ヒップホップ、ラインダンスの4つのジャンルを2分半で踊るというダンスでした（2004年当時のルール）。ダンスの技術や振付・構成、チームの一体感や表現力を競い合う競技です。知れば知るほど、初心者にはかなり難しい競技でした。一体どこから突破口を開いたらよいのか？　何から手をつければよいのか？　まずは一人で作戦会議です。

保護者から文句を言われても

すべてにおいてど素人の私は、一流の指導者や経営者、アスリートの本を読みあさりました。そこに書かれていたのは、誰でもできそうな簡単なことばかりでした。挨拶、返事、掃除、姿勢を正す、靴を揃えるなどを徹底させることが大切だ……と書かれていたのです。

「小学1年生で習うようなことばかりを徹底させることが全米大会につながるのか？」

確かにチアダンスの全国大会に出場していた生徒たちは礼儀正しく、立ち居振る舞いも美しかったし、福井商業高校の部活動でも強豪といわれる部の生徒は挨拶や身なりがしっかりしていました。私はゼロからのスタートですから、本に書かれていることをひとつずつ実践していくことにしました。

まずは、身なりを正しくすること。校則を守ることを徹底させました。

バトン部にはスカートを短くしたがったり、化粧をしたがったり、校則違反をする生徒がたくさん在籍していました。それまで徹底した指導はされていなかったようですから、それを指導するには多大な労力が必要でした。

チアダンスやチアリーディングを行う人を「チアリーダー」と呼びますが、本場のアメリカでも「チアスピリット（人を応援する心）」を持つことをとても重要視しています。日本流に例えるなら**「チア道」**でしょう。

茶道・華道・書道・柔道・剣道など「道」という字が添えられた世界があります。そのような世界には、ただ技を磨くだけでなく、その人の心がまえや、立ち居振る舞いそのものも含めて「道」を極めていく考え方があると思います。

そのようにとらえると、チアダンスを踊る以前に大切なことがたくさんあると思ったのです。私なりの理論でしたが、心からの応援ができるようになるため、いつでもチアリーダーらしく美しい振る舞いができるような指導をしたかったのです。

私と生徒の攻防戦は続きながらもバトン部の生徒たちは2年生になり、少しずつチアリーダーらしい雰囲気を纏《まと》うようになってきました。挨拶や返事もしっかりできるようになってきました。もうあとひと押しです。

そこで取り入れたのが、演技のとき**「おでこ全開」**にすることです。チアリーダーといえばあの可愛いユニフォームにポニーテールがお決まりのスタイルですが、バトン部の生徒はおでこを隠したがりました。

クラシックバレエや新体操など、表現を重視する世界では「おでこ全開」は当たり前だと思うのですが、どうしても「おでこ全開」に対する抵抗がなくなりません。甲子園球場で踊る際にも一糸乱れぬ動きが大切です。しかし、生徒たちは前髪ばかり気にしているのです。

ある日とうとう我慢できなくなった私は

「これからは、おでこ全開で練習すること。それが嫌な人はユニフォームを返してもらいます」

と生徒に要求しました。生徒はざわつきました。

「そんなのありえない！」

「なんでそんなことまでしないといけないの！」

私は生徒を試したのです。本気なら「おでこ全開」くらいどうってことないでしょ。きっと本気の生徒がいるはずだ。本気の生徒だけで練習したい。

しかし、翌日私の机の上には全員のユニフォームが積みあがっていきました。

「もう辞めます」

「そこまでしたくないです」

「先生にはもうついていけません」

口々に文句を言いながらバトン部を辞める決意を表明しました。一人残らず退部です。これにはさすがの私もショックでした。前任校のときも「本気の人だけで練習したい」と言ってバレー部をつぶしてしまった経験が蘇ります。

「またやってしまった……」

この件は、学校中の大問題になりました。バトン部はクラスで存在感があって人気のある生徒が多く、甲子園での可愛い姿に憧れている生徒も多かったですから。完全に私は他の生徒たちからも「敵」扱いです。

いちばん困ったのは保護者からの苦情です。辞めた生徒25名の保護者全員が学校に来られました。

「うちの子は大会で優勝を目指すような部活に入ったわけではないんです」

「指導方法を変えてください。先生は厳しすぎる」

保護者のお一人おひとりが、わが子のための思いをぶつけてこられました。私は、また前任校と同じ過ちを犯そうとしているのか自問自答しました。今回は「全米優勝」という明確な目標があります。それにこの部活動は「チアリーダー」の活動ということも明確です。そして、生徒たちの可能性は無限大なのです。

保護者は「わが子にそんな無理をさせないでほしい」と要求している。ところが私の頭の中では、

「その無理ってルールと校則を守れと言っているだけなのに……」

「若いときの苦労は買ってでもしろ。かわいい子には旅をさせろ、という言葉は知らないのか！」

などという言葉が頭の中をぐるぐる回ります。保護者の意見を1時間じっと聞きましたが、私も黙ってはいられません。生徒への思いや指導方法、信念をぶつけました。

気づいたら2時間も話していました。保護者の方はなお一層反感を持たれたようで、教育委員会に訴えに行かれました。

保護者だけでなく生徒のおじい様からも投書が来るほどでした。

「わが子の青春を奪う憎き顧問を辞めさせてほしい」と書かれていました。

覚悟をもって本気で動く！

映画「チア☆ダン」のワンシーンでは、天海祐希さん演じる「私」が校長室に呼ばれ、俳優のきたろうさん演じる校長先生から、

「また多くの退部者を出さないうちに、元のバトン同好会に戻しては……」

そういわれて天海さんがそっと辞表を出すシーンがあります。

校長先生に呼び出されて「やりすぎだ」と指導されるところまでは同じなのですが、実際は「辞表を出す」というようなことはしていません。実際は、

「どうして校長先生は、私が正しいことをやろうと思っているのにわかってくださらないのですか？」

私は逆ギレ状態で、扉をバーン！　と閉めて出て行ってしまったのです。

これも学園ドラマのワンシーンのようでしたが、当時の私はどう説明しても理解してもらえず、怒りをあらわにしてしまいました。

実に幼い行動です。思い出すと恥ずかしくなります。校長先生も教頭先生も困り果てていたと思います。その後、校長先生は、何度も教育委員会に説明に行かれたようです。そのあとすぐ異動を命じられてもおかしくない状況だったと思います。

また、私に反発していたのはバトン部の生徒たちや保護者だけではありませんでした。バトン部の騒動を耳にした学校の生徒たちも同様に、私に無言で反発する態度をとりました。

授業中、私と会話する生徒は皆無です。ただ指示とボールの音だけが鳴り響いている……そんな異様な状況がずっと続きました。私が担任する生徒たちも同様です。クラスにはバトン部の生徒もいましたから彼女らに気を遣ったのでしょう。

結局、騒動のあったバトン部の2年生とすでに引退していた3年生は、卒業するまで私と口をきくことはありませんでした。

「やっぱりダメ教師だなあ……」

前任校での失敗が蘇ってきます。生徒の心をつかめず可能性を潰してしまった罪悪感や孤独感に苛まれる日々が続きました。絶対に人前では泣かない私でしたが、一人でいると涙が出てきます。車の中で泣きながら帰路に着いたことも幾度となくあります。でも、そんな絶望的な日々の中でも、私の心にははっきりした夢があります。

「必ず全米制覇するチームをつくる！　10年かかっても！」

バトン部の生徒が退部する前、まだ生徒たちがやる気を持って練習していた頃、

「アメリカで優勝しよう！」

と意気揚々と言うと、必ずこう返ってきました。

「いやいや……先生、ここ福井ですよ！　アメリカなんて無理に決まってるじゃないですか！」

「やってみないとわからないじゃないの！」

と私が返しても聞く耳を持ちません。

私の頭の中には、はっきりと鮮明に夢が描かれていました。

「もし生徒たちがアメリカで優勝したら……」

まず、生徒が大喜び。生徒の家族が大喜び。生徒の親せきや恩師が大喜び。そして、生徒のクラスメイトが大喜び。学校中が大喜び。福井中が大喜び。いや日本中が大喜

び。めちゃくちゃ皆に喜んでもらえるに違いない！

幼い頃からドラマや漫画の見過ぎですから、ドラマの世界ではこんなことは簡単に起きます。福井商業高校でも野球部が甲子園で準優勝していたり、卓球部の先生が全日本大会で優勝していたり、女子ハンドボール部がインターハイ・選抜・国体の三冠をとっていたりドラマのような事実がたくさんあります。

福井だからってできないはずはない。私は本気だ！　必ず成し遂げる！

ただ、一つだけ大きな問題がありました。それは、私がど素人だということです。

「こんな私では、誰もついてくるはずがない。では、どうやって？」

私の答えは、

「私がプロデューサーになって一流チームをつくればいいのだ。私が教えなくても組織づくりをすればいい」

前任校での失敗を繰り返さないため、本からの学びで気づいたことです。

チアリーダー部「JETS」の誕生！

2006年4月。私が福井商業高校に赴任してからちょうど3年目。

「今年は勝負の年だ！」と覚悟を決めていた私は、新入生勧誘のときから、

「全米大会優勝を目指す部活動です」

「校則は守ってもらいます」

この2点を伝えて勧誘しました。新入生の勧誘は上級生が行うのが常です。しかし私は、新入生からはまったく新しい部活動としてスタートさせたかったので、上級生とは一切の関わりをもたせたくなかったのでした。伝統を一から作り直すためです。甲子園の応援を目指すバトン部から全米優勝を目指すチームにきっぱり切り替えたかったのです。五十嵐プロデュースの第一歩です。


「全米制覇」「校則遵守」……この2点を理解して入部した新入部員は18名。チーム名もバトン部からチアリーダー部「JETS」としました。JETSという名前には、

「高校3年間は短い。ジェット噴射するがごとく一気に急成長して世界に羽ばたくチー

ムになってほしい」

そういう熱い気持ちを込めました。

さらにチームのモットーは、

「明るく 素直に 美しく」

成長する人の特徴は「明るく素直」であると多くの本に書かれていたからです。最後の「美しく」はチアリーダーの条件です。美しい姿に美しい立ち居振る舞い、そして人を応援する美しい心。この3つを兼ね備えた人物になるよう、さらに具体的なルールを決めていきました。

◎明るい笑顔

上の歯を8本見せてにっこり笑う。鏡を見てできるまで練習です。

練習中もずっと笑顔でいるのがJETS流です。

◎挨拶と返事の徹底

「おはようございます」「失礼します」「お願いします」「ありがとうございます」「はい」など、相手の目を見ながら感謝の気持ちを込めて、できるようになるまで何度も練習です。先生や先輩や部員には、いつでもどこでも挨拶できるように徹底します。

◎掃除の徹底

練習場や部室だけでなく自宅の自分の部屋も整理整頓・掃除を徹底させます。
掃除をすることで心がすっきりすることを体感すれば、進んで掃除ができます。

まずは、チアダンスの練習以前に人として大切なことを徹底させることにしたのです。これは組織づくりの第一歩です。

次にもっと大切なことを教えました。

それは**「夢をみることの大切さ」**です。

初代JETSの生徒に神奈川県立厚木高校が全米優勝した映像を見せたところ、

「やってみたい！」

「アメリカに行きたい！」

勢いのあるノリのいい生徒が多かったのが大きな救いでした。「できるわけがない」とマイナス思考の生徒が少なかったのです。

「できるかできないか？」というより「やりたいかどうか？」という直感で動く生徒が入部してくれたことが、その後の運命を大きく動かしていきます。

そんな生徒たちにまず教えたのが**「夢ノート」**です。

夢ノートは人生のあらゆる分野で叶えたい、やってみたいことを書くノートです。

生徒たちは「書くだけで叶うの？」と、はじめは半信半疑で書くのですが、1年もすると書いたことが、いくつも叶うので「夢ノート」の威力に驚きながら次々と書き足していくようになります。

項目は心と体、学校と学習、趣味と文化、職業と経済、家族と暮らし、部活動、と多岐にわたります。このノートに夢を書くだけでもワクワクします。そして、それがリアルに、鮮明にイメージできれば次は実現していくのです。

生徒全員が夢ノートに「全米優勝する！」と書きました。生徒たちはこのノートを楽しんで書いているようでした。私の頭の中だけにあった「全米優勝」という夢が、生徒全員の頭の中に描かれたのです。

それから幾度となく神奈川県立厚木高校が全米優勝した映像を見ることで、夢はよりリアルになっていきました。頭の中にないものは実現できない。夢ノートや映像を見ることは、現在地点と夢をつなぐツールとなっていきました。

これらの指導をすることで、生徒たちは一生懸命練習に取り組むようになり、自分たちから、

「他の部活のように朝練をしたい」

「こんなトレーニングをしたい」

と積極的にポジティブに練習を進められるようになったのです。

技の指導はプロに任せて「チームづくり」に専念

さあ、出だしは好調。ただ、ひとつ大きな問題がありました。大会で優勝するにはプロの振付師が必要だということです。全国大会を視察してわかったことは、どのチームにもプロの指導者がついているということでした。それまでビデオ学習や自分たちで振りを作りながら練習していましたが、生徒たちの力だけで通用するような世界ではありません。

そこで、私は2年間温めていた作戦を実行することにしました。全米優勝するためには全米優勝に導いたプロにお願いするのがいちばんだという作戦です。

生徒全員がチアダンス初心者で、私もど素人。でも、礼儀や規律など心の面の指導を徹底させたので、どんな方に来ていただいても失礼のない集団にまでは仕上げたつもりです。「明るく 素直に 美しく」をモットーに急成長したこの生徒たちならプロの指導を受ける価値があると思ったのです。

そのプロとは厚木高校を全米優勝に導いた前田千代コーチです。

チアダンス初心者の生徒が下手ながらも一生懸命踊った映像と私の熱い思いを綴った手紙を前田千代コーチに送ったところ、何と！　指導を引き受けてくださったのです。東京から福井まで月1回、または2か月に1回来てくださることになり、生徒たちと飛び跳ねて大喜びしました。前田千代コーチが指導してくださったことが全米優勝の大きな鍵となったのはいうまでもありません。福井の無名のチームの指導を引き受けてくださった前田千代コーチの大きな決断と思いやりに感激しました。

前任校での失敗は、なんでも自分一人でやろうとしたことが原因でした。昔の私なら自分でチアダンスを習い自分で教えていたことでしょう。そんなことをしていたら100年経っても全米優勝など夢のまた夢だったに違いありません。

今回はプロデューサーの目線で、「生徒たちには一流のものを与えてやりたい」そんな思いが強かったのです。ですから、いろいろな方に指導していただくに値するチームに育て上げる必要があります。私は、技の指導はプロに任せ「人づくり」「チームづくり」に力を注ぎました。

ちょうど前田千代先生にお手紙を書いているときと、バトン部の生徒や保護者の方とトラブルが起きているときは同じ時期でした。バトン部の指導には失敗しましたが、その裏で私は初代JETSと夢を叶えるため、一つひとつ行動を起こしていたのです。帰路には泣きながら自暴自棄になりそうになり、朝の通勤する車の中ではアントニオ猪木のテーマ曲「炎のファイター」を聴きながら、まるで自分が「闘魂」でリングに上がるようなつもりで学校に向かっていたことは、懐かしい思い出です。

前田千代コーチのおかげで、10年はかかるに違いないと思っていた「全米優勝」の夢は、創部からわずか3年で叶ってしまいました。

初代は18名の生徒が入部しましたが、最後は9名となってしまいました。初代9名と2代目11名、3代目4名で叶えた初の全米優勝。本当に映画のようなドラマのような漫画のような展開でした。

その後、本当に映画とドラマそして漫画にもなってしまったわけですから「夢見る力」というのはとてつもないエネルギーをもっているのだと身をもって体験しました。ドラマ見過ぎの私に起きた奇跡の物語。それを叶えてくれたのはたくさんの人との出会い、そして言葉との出合いです。

チアダンスど素人の私と生徒たちに奇跡を与えてくれた人、そして言葉の数々、次はその言葉があなたの夢の実現にお役に立てますように。

次の章からは順番にお読みいただいても、パッと開いて気になったところからお読みいただいてもかまいません。

私たちを勇気づけてくれた**「夢をかなえる魔法の言葉」**をご紹介します。

第2章

心をみがく言葉

明るく　素直に　美しく
強く　優しく　美しく

この言葉はJETSのモットーで、私が最も大切にしている言葉です。

「明るく 素直に 美しく」

入部したらまずこの3つの言葉を教えます。

人が生きていくには「明るさ」が最も必要だと思うのです。

まずは口角を上げて「明るい笑顔」をつくってみましょう。上の歯が8本見えるくらいぐっと口角を上げてください。

目も笑ってください。はい、それで笑顔の完成です。

はじめはぎこちない笑顔の生徒も、顔のトレーニングでできるようになります。不機嫌なチアリーダーなんて見たくないですよね。毎日笑顔でいることで自然な笑顔ができるようになります。

また、JETSでは厳しいトレーニングでも練習でも、明るく取り組む生徒のほうが辛い顔をしている生徒よりも上達します。練習の雰囲気が暗く重いときは、技も踊りもうまくいかないのです。それほど明るさや笑顔がパフォーマンスの良し悪しを決めるのです。

次に大切なのは「素直」。

これは多くの指導者や経営者たちが唱えていることです。いちばん成長するのは「素直な人」と答える人が多いのです。自立型教育を唱える原田隆史先生は素直な心のことを「心のコップが上を向いている」と例えます。

確かに人から学ばないと人は成長できません。心のコップが斜めになっていたり下を向いたりしている人は、アドバイスや指導が入りません。心のコップがしっかり上を向いている生徒は、いつも笑顔で素直に「はい」と返事をして、すぐ行動に移します。初心者で入部した生徒でも心のコップがビシッと上向きに立っている子は、経験者の生徒を追い越してどんどん上達していきます。逆に心のコップが下を向いているひねくれた生徒は、どんなに時間をかけても上達しません。練習時間のほとんどが無駄になってしまうのは残念なことです。

次に「強く優しく美しく」。

ＪＥＴＳの顧問としても一教師としても生徒たちには強くてタフな人間になってもらいたいと思っています。踊りが上手だとか下手だとかいうよりも、人としてどう成長したか……ということに重きをおいています。

みんな思春期で普通の女子高生ですから、家族や友人とのトラブル、部員同士の諍《いさか》いなどは日常茶飯事です。でも、それらと向き合うことで自分のことを理解したり相手のことを理解したりしながら自分という人間を作り上げていけるのです。人のせいにばかりせず自分の弱さに向き合い乗り越えようとする生徒は、本当に強くなっていきます。

ＪＥＴＳでは1軍（Ａチーム）から3軍まであり、実力で決めていきますから3年でも1軍にも2軍にも入れない生徒も出てきます。3年でＡチームに入れなくて「もう辞めます」なんて匙《さじ》を投げる生徒がいる一方、「Ａチームじゃなくても、自分にしかできないこと」があるはずです。「その場所で頑張ります！」と最後までブレずに輝く生徒もいます。

そんな生徒には渡辺和子シスターの「置かれた場所で咲きなさい」という言葉を体現する美しさがあります。その心の美しさはＡチームのセンター集団の華麗なダンスに匹敵するほどです。そういう生徒のいる学年は強いです。それこそがチアリーダーとしてＪＥＴＳとしての在り方なのです。

人の成長は正比例ではありません。人それぞれ違うものです。3年を終えたあと卒業後に急成長する生徒も少なくありません。「明るく素直に美しく、強く優しく美しく」を身につければ相当大きなジェットエンジンを搭載したことになりますから、どこまでも高く遠くまで飛んでいけるはずです。

決断一瞬　後悔一生

神奈川県立厚木高校ダンスドリル部が全米大会で優勝した演技をテレビで見た瞬間「よし！　全米優勝するようなチームをつくる！」と一瞬で決断した私。幼い頃から「よし！　今日から男の子になる！」とか「よし！　ドラマに出てくるような先生になる！」とか、まず「よし！　〇〇する！」と単純にまず決断する癖がありました。ただし、決断はしたものの、一体それをどのように実現するのかはまったく知りません。これまで多くの失敗もありますが、やらない後悔よりもやってみて失敗したほうが経験になります。

やり方を知らなくてもまず決めることが大切なのです。

決断するまでに、あれこれ考えてできない理由ばかり考えていませんか？　「できるかできないか？」よりも「やりたいかどうか？」一度考えてみるのです。

あとで「やっておけばよかった」と思う後悔をしてもあとの祭りです。入部に迷う生徒にはこの言葉を教えます。入部する決断は一瞬です。1年後に「入部しておけばよかった」という声が毎年聞かれるのは残念なことです。その生徒は次の選択のときは勇気ある決断をするはずです。そう信じたいです。

積極性×感謝

私たちJETSは、優勝というひとつの夢・目標に向かってチームが一丸となって取り組んでいます。縁あって同じ時期に入部した仲間、それまで別々の中学校でいろんな地域から集まってきた仲間です。

チアダンスという競技の特性上、一人では踊れません。まずメンバーが集まらないと始まりません。初代のときは毎日生徒が練習の終わりに「ありがとうございました」と挨拶するとき「いえいえ、私のほうこそ入部してくれて、一生懸命練習してくれて、ありがとうございます」という気持ちになりました。私の掲げた夢を一緒に見てくれる生徒たちの存在が嬉しくて仕方なかったのです。

初代が3年生になり、全米大会への出場権がかかった全国大会に出発する前日のことです。バトン部の〝すったもんだ〟から、この3年で全国大会出場！「よくここまで来ることができたなあ」と、感慨深く思った私は大会出発前日だというのに練習も見に行かず、これまで出会った方の名刺や資料を机の中から引っ張り出しながら、私とJETSがお世話になった方を一枚の用紙に書き出していきました。

この3年間だけでもたくさんの人のお世話になったことが目に見えてわかります。コーチや指導者陣、学校関係者はもちろん、無名の私たちの見学を快く受けてくださった強豪校チームの先生方。また、ユニフォームやポンポン、靴下の業者さん。旅行業者さん。あげたらきりがありません。さらに私自身の家族や親戚、友人、保育園から大学までの先生方、前任校の先生方や生徒たち、いろんな人のおかげでここまで来られたのだと感謝の気持ちが溢れてきました。

お世話になった人のリストをＢ４の用紙にして大会に向かう新幹線の中で生徒に分けました。すると歓声があがりました。明日の大会の演技のことで必死だった生徒は、これまでどれだけの人にお世話になったのかを思い出したのです。

泣いている生徒もいました。東海道新幹線で富士山を見ながら「この人たちのためにも優勝するよ！」という私の声に「はい！」と生徒たちは力強く返事をしました。感謝の心が大きなエネルギーになることを実感しました。そのおかげもあり、その翌日の大会で初代の生徒たちは全米大会への切符を手にしたのでした。

その後の全米大会でも出番前には感謝のエネルギーが生徒たちを大舞台で輝かせてくれます。

一方、ある全米大会の予選のときです。まるで精彩を欠く演技をしたことに、怒鳴り散らしたことがあります。初めてアメリカで踊る生徒もいますから緊張するのは当たり前だと思います。しかし、いつものエネルギーやパワーがまったくといっていいほど出なかったのです。私は激怒しました。そのときの生徒たちは「自分」にエネルギーが向いてしまった。「失敗したらどうしよう」とか「できなかったらどうしよう」と、まるで受け身で消極的になっていたのです。

歴代の生徒たちの全米大会とは違う……なぜだ？　消極的ということは、命の無駄遣いです。ここまでくるのにどれだけの人のお世話になったと思っているのか！　コーチが超一流の振りを作ってくれて曲も衣装もピカイチだというのに……。

そこまでの指導しかできなかった自分を責めましたが、決勝は明日です。そこで私は「本気の生徒だけで出る！　明日の朝は本気の者だけ集合しなさい！」と命じました。いつも「本気で」と言って生徒たちを失ってきた私でしたが、例え穴だらけのフォーメーションになってもいい、「おじけづいて弱気になる生徒は出さない」と伝えました。生徒たちは泣きじゃくりながらホテルの部屋に帰りました。

そして、翌日。ホテルのロビーには、すっきりした強い顔で集まってきた生徒がいました。まるで「覚悟したぞ！」という面持ちです。そうして決勝当日は前日の演技とはガラッと変わり一糸乱れぬパワフルな演技ができたのです。

消極的ではどんなピンチも乗り越えられません。その日の生徒たちは「やってやるぞ！」という積極性と感謝の気持ちに溢れ、堂々と踊り切ったのです。結果はもちろん優勝。心ひとつで生徒たちが変貌したのを目の当たりにした瞬間でした。

ウェルカムピンチ

2018年の冬、福井は物流が一時ストップするほどの大雪に見舞われました。多くの家庭で灯油や食料が底をつき、学校も1週間、休校になりました。

私も生徒たちもこの休校には焦りました。ラスベガスで行われる全米大会まで2週間をきっていたのです。とはいえ大雪の状況はかなりひどく、生徒からは、自宅の灯油がなくなってしまったとか、保護者が家に帰ってこれないなどの報告が入ります。

まずは生きるために毎日雪かきをして灯油や食料の買い出しです。数キロ離れたスーパーやガソリンスタンドまで歩いて物資の調達をしなくてはならない生徒もいました。自宅で練習させたいところでしたが、みんなそれどころではありません。

それでも2日ほど経つと状況が少し落ち着いてきました。そこでようやく自宅練習の提案です。1日の練習メニューを生徒同士で決め、動画をお互い送り合って指導し合う作戦です。それぞれが自宅練習で全米大会に向けてコツコツ準備したのです。

ようやく休校が解除となり1週間ぶりに練習再開です。生徒たちは久しぶりの再会に嬉しがりました。「やっとみんなで踊れる！」とワーキャー大騒ぎです。私は久しぶりに踊る大会用の演技の出来栄えが気になりました。体はなまっていないだろうか？　やったことを忘れてはいないだろうか？　しかし、それは杞憂《きゆう》に終わりました。久しぶりに踊るにもかかわらず息がぴったり合って素晴らしい出来栄えだったのです。

その後、無事渡米することができ、そのときの全米大会でも優勝することができました。素晴らしい演技でした。

ただ残念だったのは、大雪を乗り越えて久しぶりに会ったときの演技のほうが良かったことです。大雪という苦労や家族のピンチを乗り越えたあとの生徒たちの達成感やメンバーに久しぶりに会えた安心感や皆で踊れることへの感謝が、生徒たちの心を揺さぶり「みんなと踊れる喜び」が溢れたあのときの演技は格別でした。

人は困難に見舞われるとき、またそれを乗り越えたときに今まで以上のエネルギーやパワーが出るものです。「ピンチはチャンス」という言葉や「神様は乗り越えられない試練は与えない」という言葉がありますが、私はこんな言葉を生徒たちと共有しています。

「ウェルカムピンチ」

人としてチームとして成長するには、むしろピンチが必要なのだと。ピンチはないほうがありがたい気もするのですが、これまでずっと指導する中でピンチがあったときのほうが良い結果が得られることが多いのです。

何日も波風が立たず練習がスムーズに滞りなく進んでいく場合、私は少し疑問を感じます。何も心にひっかからない場合は、お互い無関心になっているか無責任になっている場合かのどちらかです。

私は「みんな表面ではスムーズにいっているように見えるけど、本音はどうなの？」と生徒に詰め寄ると、誰かが「私は、みんなが○○なのがおかしいと思う」「こんな練習では優勝できないと思う」などポツポツと本音を言い出します。表面上は良い状態に見えても、一皮むけば大ピンチの場合が少なくありませんでした。

ピンチの際は、普段より力が出るものです。走ったり自転車をこいだりした場合、追い風は楽に走れます。逆風の場合は、かなりの力を出さなくてはなりません。それと同じように、ピンチの際は生徒たちも普段以上の力が出るのです。

「ピンチ？　大歓迎よ！」くらいの太っ腹でかまえる「ウエルカムピンチ」の心があれば、「お！　来たよ。来た来たピンチが」と楽観的にとらえられます。

さらにＪＥＴＳ流は「ピンチがきたら、とりあえず笑ってみよう」「ハハハハハハ」と作り笑顔でもなんでもいいから笑ってみるのです。そんな風にしながら、生徒たちはこれまで多くのピンチを乗り越えてきました。普通の女子高生でもピンチに強いのです。世の中のピンチも笑顔で乗り切りたいものです。

高い目標を持つ

これは自立型教育で有名な原田隆史先生の言葉で「エベレスト理論」と言われるものです。「高い目標」というのは、常識で考えたらまともとは思えないくらいの目標のことです。富士山を目指す人にはエベレストを登ることはできません。でも、エベレストを目指す人にとっては富士山に登るのは簡単なことです。

最初に私が「全米優勝」を掲げたからこそ夢が叶いました。自分の実力や経験を常識的に考えると「全国大会出場」することも難しい状況です。でも常識にとらわれず、ありえない高い目標をもつことで状況や環境が変わってくるのです。低い目標を掲げていたら成し遂げられなかった夢です。

どうせ挑戦するなら、どうせ時間をかけるなら、どうせ生きるのなら常識にとらわれず思いっきり面白い目標を持ってみませんか？　ＪＥＴＳの初代に伝えたのは、どうせ練習するなら、どうせ放課後に毎日練習するなら一生懸命やってみよう、という考え方でした。

人はいつか死にます。それなら何のために生きるのか？

ご先祖様から連綿と受け継がれている命です。ご先祖様の誰一人がかけても私たちはこの世に存在しません。ありえない存在の私たち。自分の可能性に挑戦して、ありえない常識以上の高い目標に向かって面白がって生きてみませんか？

六波羅蜜

京セラやＫＤＤＩの創業者であり、ＪＡＬの再建も果たされ、「経営の神様」と呼ばれた稲盛和夫さん。その生き様には世界中のビジネスマンが薫陶《くんとう》を受けています。私も稲盛和夫さんの生き方に心打たれている一人です。

「善きことを思い、善きことを行えば、人生は好転する」

これは、最もわかりやすい稲盛さんの言葉だと思います。

この「善きこと」とは何かというと、お釈迦様が説かれた**「六波羅蜜」**です。

六波羅蜜とは、

1布施

自分がいまあることに感謝し、他人さまに何かをしてあげること。

思いやりの心で世のため人のために尽くすこと。

2持戒

自分を戒めること。自分の行動言動を振り返り、それが人として正しいのか問い、正しいことを貫くこと。改善すべきことがあれば改善すること。

3忍辱《にんにく》

苦しいこと辛いことを耐え忍ぶこと。

4精進

ただ一生懸命、誰にも負けない努力をすること。

5禅定

心を平常に保つこと。

6智慧

1〜5の項目を日々懸命に努めていくことで悟りの境地をえられること。

「六波羅蜜」を実践し続けることで「経営の神様」は、偉業を成し遂げ続けたのでした。私も教師として一人の人間として六波羅蜜を心がけています。ただ、発展途上すぎて忍耐力がなく生徒を怒鳴ってしまったり、思うようにいかないとあきらめてしまいそうになります。まだまだ修行が必要です。

この六波羅蜜の中でも「布施」は、相手が望んでいるものを与えることです。誰でも愛情や思いやりが欲しいのです。逆に怒りや恨みなどほしい人はいません。

布施の中でも、「無財の七施」というものがあります。お金がなくても実践できる布施のことです。

「眼施（げんせ）」優しいまなざしで人を見る

「和顔施（わげんせ）」穏やかな顔をする
「言辞施（ごんじせ）」優しい言葉がけをする
「身施（しんせ）」身体を使って奉仕する
「心施（しんせ）」思いやりの心で接する
「床座施（しょうざせ）」席を譲る
「房舎施（ぼうしゃせ）」風や雨をしのぐところを与える

どれも簡単なことのように思いますが、自分の心に余裕がなければできないことです。お金も余裕があれば人に差し出すことができるのでしょうが、お金に苦労している場合は難しいでしょう。お金は差し出せばなくなりますが、この無財の七施は人に差し上げてもなくなりません。無くなるどころか心は豊かになります。私たち日本人は、生まれたときからこれらのことを様々な場面で学んできたのではないでしょうか。時代が変わっても大切なことばかりです

私もまだまだ未熟で、自分のいたらなさに呆れながらも、少しでも経営の神様の稲盛和夫さんのようになりたいと夢は大きく持っています。稲盛和夫さんは申年。実は私も申年。同じ申年にあやかって少しでも近づきたいと努力する日々です。

立ち方を変える
歩き方を変える
変わる自分を信じる

ＪＥＴＳに入部するとまず正しく美しい姿勢を徹底的に指導します。姿勢はダンスの基本です。ただそれ以上に姿勢は大切だと思っています。

早稲田大学の春木豊さんらは、ビゼーの「カルメン」の前奏曲（激しい曲です）を①あおむけの姿勢②背筋を立て正面を見る姿勢③うつむいた姿勢で実験協力者に聞かせたところ、③のうつむいた姿勢で聞いた場合は「カルメン」がネガティブな感じに聞こえた、という報告があります。

ＪＥＴＳの生徒でもよく実験させるのですが、うつむいた姿勢で「楽しい」と言わせてみると全然楽しいと思わないといいます。

逆にすっと姿勢を正して「しんどい」と言わせていると、しんどさが軽減されるといいます。

歩き方も気分に影響を与えることがさまざまな研究者によって明らかにされています。元気はつらつと歩けば、気分もはつらつとしてくるのです。

生徒たちもちょっとしたきっかけで変わります。ただ、それは「自分は変われる」と信じられるかどうかです。

変わる自分を信じてみませんか？

人生は考え方で180度変わる

数学では方程式があります。それさえ理解できればスラスラ解けるから方程式ってとっても便利ですよね。

人生の方程式を次のように唱えていらっしゃるのが前述の稲盛和夫さんです。

「人生・仕事の結果＝考え方×熱意×能力」

どんなに能力や熱意があっても、考え方がマイナスだと出てくる答え（人生）はマイナスになります。逆に能力や熱意はそれほどでも考え方がプラスだと答え（人生）はプラスとなります。

考え方のプラスとマイナスは人としての在り方だというのです。

妬みや嫉み恨み、怒り、不平不満などの考え方では、どんなに力を尽くしても結果は出にくいでしょう。逆に前向きで思いやりがある、人を応援する、感謝の気持ちで取り組むなどプラスの考え方で事にあたれば、良い結果が得られるというのです。

やはり、まずは「善きことを思う」ことが大切なのです。ＪＥＴＳの生徒は「夢ノート」を見ながら考えをプラスに転じています。

まずは、プラスの考え方ができる人になる！　と誓ってみるのはいかがでしょう。

バカポジティブたれ

人生はいつ何が起こるかわかりません。だから計画を立てるときにはリスクを想定しながら慎重に準備することが大切です。

元プロテニスプレイヤーの伊達公子さんは悲観的に考えて徹底的に準備をされたそうです。

しかし、計画を立てる段階で悲観的になりすぎると夢や目標を持つ気にもなれないですし、「できっこない」とあきらめてしまうかもしれません。

私が「よし！　全米優勝するチームをつくる！」と周りに言ったときは馬鹿にされ笑われました。私は馬鹿にされても気にしませんでした。だって本当に馬鹿なくらい大きな夢だったのですから。

でも、馬鹿みたいにポジティブに考えても誰にも迷惑はかけません。自分はワクワクしているのですから。小さなことでクヨクヨする生徒たちには「馬鹿みたいにポジティブになること」を教えます。

名づけて「バカポジティブ」。放っておくとネガティブな考えに陥ってしまう生徒は少なくありません。常に心のお手入れが必要なのです。「バカポジティブ」は、少々の失敗や落ち込みを巨大なドライヤーのように吹っ飛ばしてくれますよ。

調身　調息　調心

夢や目標を持ったら、雑念や負の感情に惑わされず、まっすぐな気持ちで挑みたいものです。

禅宗では、雑念や負の感情に惑わされず無心になるように心を整えることを「調心」といいます（調身・調息・調心の3つは座禅の三要素と言われています）。

ただし、心というものは手で触れることも見ることもできません。また、心はコロコロ変わり続けるから心なのだとも言われます。

では、どうやって心を整えるのかというと「調息」と「調身」です。

「調息」とは息を整えることです。まず、ゆっくり鼻から息を吐き鼻からゆっくり吸います。それも「調身」正しい姿勢で行います。すると落ち着いてくるから不思議です。焦っていたり、ミスが続いていたりするときは呼吸が浅くなっているものです。

一度立ち止まって正しい姿勢でゆっくり呼吸してみてください。驚くほど心が落ち着いてきます。毎日目まぐるしく変わる環境にいる私たちには必要な技です。

本当は、自然の中で深呼吸するのがいちばん良いのでしょうが、仕事中はトイレの個室や車の中など、一人でいられる場所で心を整えることも可能です。

ＪＥＴＳの生徒にも大会のときなど用がなくてもトイレに行って心を落ち着かせる方法を教えています。

目は心の窓

ＪＥＴＳの生徒たちは人前で演技することで自分を磨きチアダンスの技を磨きます。どんなに一生懸命体を動かしていても、目が泳いでいたり、目に輝きがない生徒には魅力を感じません。また、目が死んでいる生徒はもうやる気がなくなっていますから、何らかの手当が必要です。

まさに「目は心の窓」。何を考えているのかが目を見ればわかってしまいます。不安そうなチアリーダーは見たくありません。一方、一生懸命応援しよう、今の最大限を踊り切ろうとする生徒の目はいつも輝いています。

どんなに笑顔でいても目が笑っていなければ、それは偽りの笑顔です。目がキラキラするのは感動したときや好きな人に会ったとき、また美味しいものをもらったときです。ＪＥＴＳの生徒は美味しいものをもらったときの目がいちばん輝きます（笑）。

練習がハードなとき「好きな食べ物を思い出して！」というだけで目が輝きます。脳って面白いですよね。「その顔で踊るのよ！」と間髪を入れず言います。

これは対処療法ですが、老若男女目が輝いている人は美しいです。いつも感謝感激感動している人の目は輝いているのです。

いくつになっても目の輝きを失わないよう心を磨いていきたいものです。

自信と謙虚の間に身をおく

初めに全米優勝を目指すと決めたとき、私はチアダンスをやったこともないのに「全米優勝できる」と「根拠のない自信」がありました。自分でも不思議です。これは成功する人の特徴のひとつだそうです。

JETSの生徒もまったくのど素人でも「私は上手くなる」という根拠のない自信を持っている生徒はぐんぐん伸びます。

晴れて全米優勝の夢を叶えた私は、多くの方々から賞賛をいただきました。確かに創部3年での全米優勝は、快挙です。ただそのときの私は、「いやいや皆さんのおかげですから」と、感謝の気持ちでとても謙虚になりました。「自分が凄かったわけではなく、コーチや生徒たちが頑張ったから」という気持ちの方が強かったのです。

謙虚さは日本人の美徳で美しい心です。ただ謙虚すぎる自分に違和感を感じました。「私なんてさほどでもありませんから」と思い、どんどん卑屈になっていったのです。

そのとき出会った言葉が**「自信と謙虚の間に身をおく」**です。

自信と謙虚の間に身をおいておけば、自信過剰になることも卑屈になることもありません。今でも自分にダメ出しをすることも多く、卑屈になりそうなこともありますが「過ぎたるは猶及ばざるが如し」です。「中庸」の大切さを知った出来事でした。

あきらめの連続が
あきらめないにつながる

私は一度、自分の「ダメ教師ぶり」に呆れて自分をあきらめています。

第1章にも詳しく書かせていただきましたが、大学を卒業して初めて赴任した高校で、熱血指導をするもまったく生徒の心はつかめませんでした。テレビドラマを見過ぎの私は、一生懸命指導したつもりでしたが、生徒は拒絶するばかり。自分の無力さをつきつけられました。

「なんてダメな教師なんだろう……」

自分と向き合えば向き合うほど落ち込むばかりでした。そして、ようやく気づいたことがありました。

「今までは周りのおかげだったんだ」

私は子どもの頃から両親や祖父母が、私が「やりたい」ということを何でもさせてくれる恵まれた子どもでした。

また、学校ではリーダーシップを発揮していましたから、

「私のやりたいことに皆がついてきてくれる」

と多少なりとも自信があったのです。しかし、それは自分の勘違いでした。

実際は私の力ではなく周りの人たちに恵まれていただけだったのです。そのことに気づいた私は感謝の気持ちでいっぱいになりました。

私は自分をいったんあきらめました。仏教では明らかに眺めることを「あきらめる」といいます。英語のギブアップではなく、私は「あきらめた」のです。

教師になって最初の10年間はその繰り返しでした。落ち込むことのほうが多かった10年でした。その頃のエピソードは、ドラマ「チア☆ダン」でオダギリジョーさん演じる教師に反映されています。

生徒の心に寄り添わず、やる気を強要していた勘違いの教師でした。ドラマでは、授業中に生徒たちから飲み物やノートを投げつけられるシーンがあります。実際は物を投げつけられることはありませんでしたが、やんちゃな生徒たちからは「担任変えてくださーい！」「まじムカつくんですけど」とか、卒業式のときに「もう先生会わなくてせいせいする」と言葉を投げつけられたときはさすがに堪えました。

自分は教師に向いていないのだと思いました。自分のイメージしていた教師の仕事と現実の仕事とはかけ離れていましたし、同期の友人は難なく教師道を歩んでいましたから。とにかく毎日学校に行くのが辛くて仕方ありませんでした。

自分の理想とは、かけ離れた失敗続きの私でしたが「生徒の可能性を引き出せる教師になりたい」という理想の教師像に近づくことだけはあきらめたくありませんでした。だって「ドラマに出てくるような教師になる」ことが私の夢だったのですから、子どもの頃の自分を裏切るわけにはいきません。

私が失敗を繰り返し、自分をあきらめる度、自分のことがわかってきました。人としても教師としても一からやり直す必要があります。幸い私の周りには心強い友人や先輩の先生方がいらっしゃいました。人に助けを求め、人から学ぼうとしました。

本を読むようになったのもその頃からです。すると、どんな一流の方も失敗のエピソードがありました。私が憧れる人たちも最初からうまくいったわけではないのです。多くのことを学ぶと私の失敗など大したことではないと勇気をもらいました。

私は同じ失敗をしないよう考え方を変え、また別の失敗をし続けました。生徒たちには申し訳なかったです。今では、ダメな私を鍛えてくれた前任校の生徒たちに感謝しています。あきらめてもあきらめない、多少のことでは凹まないタフな精神力をつけてくれました。

松下幸之助さんはこうおっしゃいます。

「あせらず　あわてず　あきらめず　成功するまでやめない」

何度も「あきらめて」何度でも立ちあがることも「あきらめない」ひとつの方法です。

信じるところに道は開ける

リンカーンの名言「意志あるところ」を「信じるところ」に少々変えた理由は、強い意志を持つ前に「信じることができるか否か」ということが前提にあると思うからです。信じることができれば強い意志を持つことができる。まずは信じてみようという提案です。

初代JETSがまさにそうでした。

生徒たちに神奈川県立厚木高校ダンスドリル部が全米大会で優勝したときのビデオを見せたときのことです。その圧巻の演技に一同驚愕するわけですが、そのとき、「みんなと同じ高校生だよ。そして同じ人間だよ」

私がそう言うと、

「そっか、私たちにもできるかも」

「私たちもアメリカで踊りたい」

と楽しそうに話が膨らんでいきました。

まだチアダンスのことを何も知らないのに、もうそこで踊ったかのような楽しさがありました。実に素直な集団だったと思うのですが、私たちにもできると信じてしまったのです。

イメージを持つことはどんな練習をするよりも効果を感じます。

「自分は今、アメリカの大会会場にいる。声援や歓声が聞こえる。いよいよ曲がかかる。皆は圧巻の演技をして、最後には会場から拍手喝采をもらっている」

と五感を感じて詳細にイメージします。そして結果発表。

「優勝は福井商業高校チアリーダー部ＪＥＴＳです！」

みんなで号泣して抱き合って大喜び。こうしてイメージをするだけでも鳥肌がたち涙が出ます。感動感激することができます。

まだ踊ってもいないのに人の脳・想像力というのは実に素晴らしいのです。

ＪＥＴＳはこうして想像したことを信じて、夢ノートに書いて毎日練習を重ねたのです。最初は単純に「同じ高校生だからできる」「同じ人間だからできる」と信じてみただけです。心理学者ウィリアム・ジェームズの有名な言葉があります。


心が変われば行動が変わる。

行動が変われば習慣が変わる。

習慣が変われば人格が変わる。

人格が変われば運命が変わる。

このように生徒たちは映像を見て心が変わり、行動や習慣が変わっていきました。最終的に運命さえも変えてしまったのです。

信じるも信じないも自分次第なのです。信じて道が開けなかったとしても何も失うものはありません。失敗してもその経験が次の道に繋がることもあるからです。まず、信じる自分を面白がってみてください。

私は、何の取り柄もない教師でした。周りの先生で何かひとつのことを追求している人を羨ましく思ったものです。また、私の両親も長くひとつのことを続けています。私は気が多く何でもやってみたくなるのですが、飽き性で物事を続けられないダメな人間だと思っていました。

ひとつの道を追求する人になることに憧れていた私は今「ＪＥＴＳ」と「チアダンスで人づくり」の道に没頭しています。まだまだ道半ばではありますが、少しは私の道も開けてきたのではないか、と実感できています。

「何も信じられない」人生は悲しいです。まずは自分のことは信じられなくても周りに信じられる人や信じられる偉人がいるなら、その人のことを信じてみてはいかがでしょうか。その人が、あなたの心の中に住み着き、いつか道が開けるかもしれません。

すべては自分の心が決める

私はダメな生徒はいないと思っています。私の目の前の生徒たちは、現時点で実力の優劣があります。ただ、どんな生徒でも毎日練習すれば必ず良くなると思えるのです。目の前の生徒の現実を見ながら「この子はもっとカッコよく踊れるようになる」という根拠のない自信があります。ドラマと漫画の見過ぎですから。

入部して間もない頃は、チアダンスの経験のある生徒が抜きんでています。一方、初心者で入部してくる生徒は、体が硬くリズム感も乏しい。簡単なダンスでも曲に合わせて踊ることすら難しいのです。しかし、

「今はいちばん下手でも、必ず上手くなるよ！」

「難しくないよ、簡単だよ！」

など、まず「必ず上達する！」ということを伝えます。

そう言われた初心者の生徒で、

「そうなんですね！　こんな私でも上達するんですね」

そう信じることができる生徒は、入部時の実力はどうであれ、最終的にはＡチーム（1軍）で踊れるようになります。そういう生徒はいつもワクワクしているように見えます。自分の成長を楽しんでいるのです。

逆に入部したとき学年でトップクラスの実力があり、

「あなた、上手ね！　凄いよ！」

私からも周りの仲間からそう言われていても、途中で自信をなくしてしまう生徒もいます。自分の成長を信じることができないのです。そして伸び悩んだ結果、トップクラスでありながら退部してしまう場合があるのです。

なぜ実力があるのに「私はダメだ」とあきらめてしまうのでしょうか？

私の指導不足も否めませんが、その生徒の生育歴にも原因があるようにも思います。幼い頃からポジティブな言葉で愛情たっぷり育てられたか、ネガティブな言葉で心配されながら育ったかどうかも原因のひとつではないかと思うのです。

心理学では「自分にはできない」と思い込んでしまうケースを「鎖につながれたサーカスの象」にたとえられます。

サーカスの象は、子どもの頃から杭につながれた鎖で足を縛られます。子象は力がないため杭を引っこ抜こうとしても抜くことができません。何度繰り返し抜こうとしても、できない子象は杭を抜くことをあきらめてしまいます。

「自分にはこの杭を引っこ抜くだけの力がない」

子象が大きくなって杭を引っこ抜くだけの力を持つようになっても、子どもの頃の先入観からおとなしく杭につながれたままになってしまうというのです。

「私には無理」「私にはできそうにもない」と思い込んでしまっている生徒は悲劇です。きっとこれまで「あなたには無理」「あなたにはできない」と思い込まされてしまったのでしょう。特に子育てや幼い子どもと接するときにはポジティブな言葉がけをしたいものです。

「あなたは凄いのよ」
「あなたは素敵なのよ」
「あなたは大したものよ」

これらは私の家族が私にかけてくれた言葉です。ダメ教師からの復活は幼少期からの言葉のシャワーのおかげです。

私も子育ての際、毎日娘の髪をときながら鏡の前で「今日も最高！」「今日も可愛い！」などポジティブな言葉のシャワーをかけました。

ＪＥＴＳの卒業生ですでに母親になっている子には、ＪＥＴＳで学んだことを生かした子育てをしてもらいたいものです。強い心を持った子どもが育つはずです。

無からの欲求

私はたまに壁にぶち当たります。「もう最悪！」「もう嫌だ！」など、生徒や家族にぶつけてしまうことがあります。まったく「六波羅蜜」ができていません。

そんなとき私は愛車でドライブに出かけます。運転することが好きな私は車に乗るだけで落ち着くのです。ドライブは私の心をリセットさせてくれます。福井の田んぼ道や海岸沿いの道を走るだけでも心がスッキリします。

仕事帰りに海に夕焼けを見に行くこともあります。そうして車を運転していると雑念が消えていきます。冷静さを取り戻せます。何も考えず、ただ運転するのが私のリラックス法です。たとえ帰宅が遅くなろうが、練習を早く終わらせて帰ろうが、こんな時間が私には大切なのです。

帰路につく頃には「言い過ぎだった」「あれは自分が悪い」「もっと違う方法を探そう」など、やる気モードに戻ることができます。

また、ドライブに行かなくても週に数時間は「何もしない時間」というのをスケジュールに入れています。何もしない無の状態になると、そこから本当にやりたいことが湧き上がってくるから不思議です。いいアイデアは「ボーッとしているとき」に生まれると言われています。確かに寝る前やトイレでボーッとしているときに面白いことが浮かびますから、寝室やトイレにはメモとペンを置いている私です。

よい感情で押し流そう

私たちは、自分の思い通りにいかないと、不平不満、愚痴泣き言、悪口を言ってしまう弱い存在です。わかっちゃいるけど不平不満を口にしている自分がいます。心がゴミだらけ雑草だらけな状態です。こんな状態では、いくら一生懸命練習しても働いても成果は出ません。まれに嫉妬心や怒りをパワーすることで力を発揮できることもありますが、嫉妬心や怒りでは真の力は発揮できないのです。生徒たちの中にも怒りや恐れのある状態で演技する生徒には限界を感じます。

そこで生徒たちにはこんなことをして心を綺麗しようと伝えます。

泥水の入ったペットボトルを用意します。それを水道の蛇口の下において、そのペットボトルに水道水を入れ続けます。すると、泥水はどんどん綺麗になっていきます。生徒は驚いて「おーっ！」と声をあげます。最後には、泥水は綺麗な水になります。

これは私たちの心・頭の中の状態です。綺麗な水は良い感情。「嬉しい」「楽しい」「大好き」「ありがとう」「幸せ」などの感情です。斎藤一人さんはそういう言葉を「天国言葉」と言っています。そう思えるようなことがないときでも、口に出すだけで効果があるから不思議です。私たちの脳はそれほど不思議なのです。

綺麗な心で練習できる生徒は、ダンスが上達するだけでなく次々とチャンスをつかんで人生を切り拓いていけるのです。

赤ちゃんのときの笑顔を思い出そう

チアダンスの基本は笑顔です。ＪＥＴＳの練習でも基本は笑顔です。でも、どうしても笑顔がひきつる生徒がいます。そんな生徒でも、どうしたら素敵な笑顔で踊れるようになるか？　と考えた私はこんな宿題を出しました。

「今までで、いちばんかわいい自分の写真を持ってきて」

全員に写真を持ってくるよう伝えたのです。

翌日、皆が持ってきた写真をホワイトボードに貼り出しました。すると写真の可愛さに大騒ぎです。ほとんどの生徒の写真は、２歳から５歳あたりの屈託のない心からの笑顔の写真ばかりです。何も恐れず、何の心配もない顔をしています。問題の生徒の写真もとってもかわいい笑顔です。

生徒たちからは、ふたつの声が聞こえてきました。

「超かわいい！　全然変わってない！」

「えー！　これ誰？」

「全然変わってない」と言われた写真の生徒は、現在も明るい笑顔でいる生徒です。しかし「これ誰？」と言われた写真の生徒は、笑顔がひきつってしまう生徒です。高校生までに幼い頃のように笑えなくなってしまった「何か」があったのです。

生まれたばかりの赤ちゃんは、その存在自体が可愛いものです。家族は、赤ちゃんの笑顔を見たくて「いないないばあ」をしたり、一生懸命あやしたりして赤ちゃんを喜ばせようとします。家族の愛情や笑顔に赤ちゃんは安心して「この世に存在していいんだな」と自信を持って成長できるのです。

でも、成長過程でご家庭での不和や友達からのいじめなどを経験する中で、素直に笑えなくなってしまうことがあります。ＪＥＴＳの生徒の中にもいじめられていたという生徒は少なくありません。そんな生徒は笑顔でもどこか陰があるのです。

そんな生徒にはどうか過去を断ち切って今を生きてほしいと思うのです。

「これまでは周りの人に笑顔にしてもらったよね」

「今まで幸せだった子は周りのおかげだよ」

「これからは自分で自分のことを笑顔にするのよ。そして、周りを笑顔にする人になるんだよ」

今笑顔でいられる生徒には、家族や友達、先生方への感謝の気持ちを持ってもらいたい。そして、今ちょっと笑顔になれない生徒には自分で自分を笑顔にできる強い人になってほしいと願っています。

どの生徒たちもひとつやふたつは心に傷を持って入部してきます。でも、「明るく素直に美しく」練習していくなかでその表情は美しく変化していきます。中学校までの顔と見違えるようになり幼稚園・小学校・中学校時代の恩師や友達が驚くことも少なくありません。私たちは自分の顔を自分でつくることができるのだと思います。

なかなか素直に笑えなかった生徒たちも3年間を経て大人になり、今では人を笑顔にする職業についていきます。また、家族の問題に直面し苦しんでいた生徒たちも強く優しく美しい女性に成長しています。苦労した生徒の方が、深い愛情を持っているように思えます。自分で親を選ぶことはできませんが、自分の環境を受け入れ親を受け入れ、未来を自分で作ろうとしている教え子たちは、どんどん美しくなっています。そして、今では母親としてたくましく生きているのが誇らしく思えます。

「自分の顔は自分でつくる」

整形をする高校生も出始めてきましたが、整形などしなくてもきっといい顔はつくれるはずです。女優さんや俳優の方はもちろんのこと第一線で活躍される方の顔は、年齢を問わずとても生き生きしていらっしゃいます。まずは毎日鏡でいきいきした笑顔を作ってみませんか。

第3章 動きたくなる言葉

やってやれないことはない
やらずにできるわけはない
今やらずして誰がやる
私がやらねば誰がやる

何も始めてもいないうちから「どうせうまくいかない」と決めつけて、自ら自分の可能性を狭めてしまうのは、もったいないことです。

この言葉は、彫刻家の平櫛田中《ひらくしでんちゅう》さんの言葉です。

「六十、七十は鼻たれ小僧、男ざかりは百から百から」

100歳を超えても彫刻で使う30年分の木材を確保したそうです。

平櫛田中さんが手がけた作品からは気迫と気概が伝わってきます。

私がこの言葉に出合ったのは小学5年生のときでした。

それ以来、私の座右の銘としていつも心にある言葉です。

できるかな？　どうしようかな？

迷ったときは「よし！　やってみよう！」と背中を押してくれます。

「やらずにできるわけはない。まずは一歩を踏み出そう」

勇気をもらえる私のお守りのような言葉です。

できっこないを　やらなくちゃ

ロックバンド、サンボマスターさんの熱い想いが伝わる名曲。

「できっこないをやらなくちゃ」

この曲は創部三年目ＪＥＴＳのテーマソングとなり、イベントや公演の際には必ず披露する曲となりました。まさにＪＥＴＳの代名詞ともいわれる作品です。

明石家さんまさんと中村玉緒さんの「あんたの夢をかなえたろか」というテレビ番組で、サンボマスターさんの生演奏でＪＥＴＳの生徒と卒業生が踊るというサプライズ企画が話題になりました。私が「いつかサンボマスターさんとコラボしたい」と言っていたのを覚えていた生徒が番組に応募したのです。

私に内緒でテレビ局のスタッフさんと粛々と準備を進めていたのには、びっくりしましたし、県外からも大勢の卒業生が駆けつけてくれたのも驚きでした。教師冥利に尽きる思い出となりました。

この曲には何度助けられたかわかりません。大会前に辞めると言って投げだしそうな生徒にメンバー全員で歌って引き止めたり、チームが停滞しているとき、

「あきらめないでどんなときも　君なら出来るんだどんな事も」

「君なら出来ないことだって出来るんだ　ホントさ嘘じゃないよ」

力強い歌詞にいつも勇気をもらうのです。

全米優勝という目標は普通に考えたら「できっこない」目標かもしれません。
でも、それを五段活用するとこうなりました。

「できっこない」↓「できたらいいな」↓「できるかも」↓「できそうだ」↓「できた」

①「できっこない」を「できたらいいな」に変える

人は成長する中で常識を教えられ、自分の頑張れる範囲をどんどん狭めてしまいます。そこで一瞬立ち止まって「それって本当に無理なこと？」と自分に聞いてみてください。「無理かもしれないけど、できたらいいな」と思えるかもしれません。

JETSの生徒たちも一瞬で「できたらいいな」と思える生徒もいますが、慎重で真面目な生徒は「できっこない」と思ってしまいます。このハードルがいちばん大きいかもしれません。

「カッコよく踊る先輩の映像や夢を叶えている人を見てそこに自分の顔を当てはめてごらんと」と想像力のトレーニングをすると「そうなったら嬉しいだろうな」と表情が和らいできます。そうしたらファーストステップ完成です。

②「できたらいいな」を「できるかも」に変える

次は想像したことを実際にやってみます。ＪＥＴＳの場合は実際の練習です。いきなり難しいことはしませんから、少しずつ一歩一歩みんなで練習していきます。案ずるより産むが易しで、これなら自分にもできるかもしれないという期待が持てるようになります。

③「できるかも」から「できそうだ」に変える

実際練習を重ねるとできることが少しずつ増えていきます。人はもっと上手くなりたいという向上心がありますから楽しく練習を重ねる度に、あと少しでできそうだという自信がついてきます。「楽勝」とか「簡単」とかプラスの言葉がけが効く段階です。

④「できそうだ」から「できる」に変える

ここまで辿りつけば放っておいても練習できるようになります。できるという確信がありますから頭の中は「どうやったらできるか」と自分で考えて動くことができます。やればやるほど上達する域です。

このようにしてＪＥＴＳは「できっこないをやる」集団となっていったのです。

1ミリの勇気
米粒程度の勇気

人は自分の落ち着くところにいたいものです。いつも通り、いつものように、いつもの仲間と、いつもの感じで……それはそれで安心感があってよいのですが、成長のためにはやや邪魔になるものです。

よく石橋を叩いて渡る人、石橋を叩いても渡らない人、と表現されるように、用心深くても渡る人は勇気があります。渡らない人は勇気がなく向こう岸には辿りつけません。または、石橋を叩きすぎて、橋を壊してしまう人もいるかもしれません。自分を疑いチャンスすら逃してしまう人です。

私がチアダンスに出会い「よし！　全米優勝するチームをつくるぞ！」と思って一つひとつ行動に移したときは、1ミリほどの勇気の積み重ねでした。

「チアダンスを習いに行くために基礎講座に申し込む」

ネットで申し込んだだけ。

「その講座で福井の五十嵐です！　と名前を売り込む」

ご挨拶して名刺を渡しただけ。

「チアダンスの全国大会を見に行って顧問と思われる方に話を聞く」

ご挨拶して質問しただけ。

ほんの小さな行動の積み重ねです。

前田千代コーチに手紙を書くのも、1ミリの勇気でした。


私は子どもの頃、一ミリの勇気がなくてチャンスを逃したことがあります。それも何回も。その後の後悔といったら、もう口では言い表せないほどです。

先日、30年ぶりに高校の同級生と会ったときです。その時の彼女の話がとても印象に残っています。「私、親友とけんかしたまま別れちゃったのよね……」その親友とは、私の友人でもあります。そしてその友人はすでに他界しています。

彼女は学生時代、その友人とは無二の親友でした。20代のときに二人で海外旅行に行ったときけんか別れをしてしまい、それっきりになってしまったというのです。その後、その別れた親友から連絡があったにもかかわらず、素直になれなくて連絡を無視してしまったのだと、とても後悔していました。そんな彼女は他界したことを知り「ごめんね」とお詫びの手紙を書いて友人の実家に持っていったそうです。多分、彼女は一生後悔することになると思います。そのとき、ほんの少しだけ1ミリの勇気を出していれば、またお互いに楽しく過ごせたかもしれないのです。もう二度と会えないと思うと、なおさら心が苦しいはずです。

そこまでの後悔は、まだ高校生にはないと思いますが、高校生も勇気が持てないことは日常茶飯事です。高校生は同調圧力を感じて、人と違うことを極端に恐れる場合があります。大人でも一緒かもしれません。JETSでも人と違う意見を言ったり、上級生に意見をしたり、ほんの少しの勇気が必要な場合があります。そこで一人ひとりが勇気を持っていれば強いチームが完成します。

なかなか言い出せない生徒や動き出す勇気がない生徒に私がかなりの圧力をかけたとき生徒が言いました。

「先生、米粒程度の勇気があればいいんですね！」

そう言った生徒は、ガラッと面持ちが変わり、チームの突破口を開いてくれました。本当に米粒程度のちょっとした勢いが勇気を出すときのコツです。その生徒は、そのことにようやく気がついたのです。一人が勇気を出すと、次々に勇気ある行動が続きます。これは、いろんな学年で起きることです。そうして全米優勝をつかんでいったのです。最初に勇気を出す人の一言や行動は、自分のためでもあり、人のためでもあるのです。

たくさんの人の勇気のおかげで私たちの今があります。

さあ、あなたはどんな勇気を出しますか？

やるっきゃない

私がチアダンスを知るきっかけになった神奈川県立厚木高校ダンスドリル部の顧問は伊藤早苗先生とおっしゃいます。最初にお会いしたのは初めて生徒を大会に連れていった大会会場のトイレの手洗い場でした。私は、テレビ番組で先生の顔を存じ上げていましたので、すかさず「伊藤先生ですよね？　私は福井から来た五十嵐と申します！」と興奮気味で話しかけました。すると伊藤先生は「頑張って。応援するわね」と優しく声をかけてくださったのです。私は憧れの先生にお会いできて、またひとつ全米優勝に近づけた気になりました。

それ以来、伊藤先生は私のメンターです。大会でお会いしたときは、指導方法や生徒たちとの向き合い方などを伺い、学ばせていただきました。そして、厚木高校に見学に行かせてほしいとお願いすると快く承諾していただき、初代ＪＥＴＳは厚木高校の体育館で一緒に練習をさせてもらったのです。素晴らしいチームでした。

先生は環境を整え見守る姿勢でした。ほどなく先生はご退職となられましたが、お会いしてから20年来お付き合いをさせていただいています。今でも悩んだり、行き詰まったりしたときは電話して話を聞いてもらいます。

先生は話を聞いてくださったあとは必ず「五十嵐さん、やるっきゃないわよ」で締めくくられます。いつも、その一言でわたしの覚悟が決まるのです。

にもかかわらず笑う

人は面白いことがあったり、楽しかったり、心に余裕があったりするときは笑えますよね。

でも、切羽詰まった状況や本当に苦しい状況のときは笑えないものです。そんな時に笑っていると、逆に「なんて不謹慎な！」なんて叱られるかもしれません。

ある年の全国大会の4日前のことです。Aチームの一人がインフルエンザに感染してしまい大会に出られなくなってしまいました。チアダンスの場合は、一人ひとりのフォーメーションによって振りが全然違います。それも大会用の作品はフォーメーションが次々に変化しますから、一人でも抜けるともう大変です。

昼休みに生徒を集めて、私はこう切り出しました。

「Aさんはインフルエンザになったので大会には出られなくなりました。」

生徒たちの顔が青ざめました。お互いの顔を見合わせて「え!?　どうするの！」とかなりの戸惑いを見せています。そこで私はひとこと、

「とりあえず笑おう！」

生徒は、一瞬戸惑いましたが一斉に「ワハハハハ！」と笑いました。私が「もっと」というとさらに「ワハハハハ！」と声をあげます。顔が和らぎました。次に私は、

「1年生の補欠のBさんに踊ってもらおうと思う。Bさん踊れる？」

そう尋ねると「はい！」と元気に答えてくれました。周りの生徒は一同に驚いていましたがBさんが自信たっぷりに「できます！」と言ってくれたので絶望的な報告から数分後には、希望に満ちた顔つきに変わっていました。

早速、その日からBさんに振付とフォーメーションを覚えさせ、本番当日を迎えました。Bさんはもう完璧に踊れるようになっていました。

もともと実力のある子ではありましたが、数か月同じメンバーで練習してきた作品に一人だけ新しく入るのは、そう簡単なことではありません。しかも、Bさんは1年生です。でも、彼女は本番までに完璧に仕上げたのです。他のメンバーはBさんをリスペクトしました。お互い助け合いながら作り上げた作品です。本番の演技は上出来でした。結果は優勝！　みんながBさんをたたえました。絶望を絶望ととらえず、笑いに変えて仕切り直した生徒たちは本当にあっぱれでした。

また、こんな生徒もいました。

大会前の練習後にメンバー同士でミーティングをしていたところ心が煮詰まってしまったその生徒は、過呼吸になってしまったそうです。そのあと今度は声を出そうとしても声が出なくなってしまったのです。私の知らない間に起きた事件でした。

翌日、私のところに来たその生徒は、手話のようなジェスチャーで、「声が出ません！」と伝えてきました。私は焦りましたが、とりあえず笑いながら「大丈夫！　声が出なくても動けるでしょ？　大会は声出さなくても踊れれば大丈夫なんだから」と「わははははは！」と笑い飛ばしてみました。その生徒も笑いました。その日の練習は「声なし」でもしっかり踊ることができたのです。そうして数日後には、声も元通りになって無事全国大会を迎え、優勝メンバーとして責任を果たしました。その後の全米大会でも優勝。ピンチを笑いで吹き飛ばしたのです。

「声が出ない」となったとき「これは大変！　病院に行かないといけない！」と全員が心配したら、もしかして大会には出られなかったかもしれません。大会演技ではメンバーが減るとフォーメーションや踊りに影響が出るので誰一人欠けることは許されないのです。あのときの笑いは危機を吹き飛ばしてくれたのではないかと思います。

キツイ状況でもいかに笑えるかが、ピンチから脱出する鍵だということです。「にもかかわらず笑った」生徒たちは大きく成長していったのです。

元気と元気の交換

ＪＥＴＳの生徒は、もれなく「チアダンスが好き！」という気持ちと、「全米優勝したい！」と気持ちで練習し、ひとつの作品を作り上げます。

そんな生徒たちは生き生きと輝いています。この「生き生き」は数値化されない「気」であり、命の輝きだと思います。

生徒たちは誰かに命令されたわけでもなく、強制されて入部してくるわけでもありません。自分の「やりたい！」という素直な心で挑戦しているのです。自分の好きを追求すると命が躍動するのが伝わってきます。

その輝きや躍動は見てくださる人の心を動かし明るく元気にさせます。そして、見てくださる人の笑顔を見て、また生徒たちも輝く。元気と元気の交換とも言えます。

大好きなチアダンスができる生徒たちは幸せです。

幸せの「気」が自分の命も人の命も輝かせます。

あなたの「大好き」は何ですか？

自分に拍手しよう！

１９６０年代に歌手の坂本九さんが歌って大ヒットした「幸せなら手をたたこう」という名曲があります。子どもの頃、手を叩きながら歌った思い出がある方もいらっしゃると思います。

コロナ禍で練習も満足にできず、悶々とした日々が続いたＪＥＴＳに「幸せなら手をたたこう」を替え歌にした、こんな歌を教えました。

自分に拍手しよ！　自分に拍手しよ！
どんなに辛くてへこんでも、笑顔で拍手しよ！

拍手って人にするもので、自分にする人っていませんよね。でもたまには自分に拍手してあげてください。どんなに辛くて、へこんでいても拍手してみてください。「うまくいかないけどよくやってる！」「あきらめずよくやってる！」と。

舞台で演者は登場のときと最後に拍手を浴びます。

私たちも目が覚めたとき、眠る前に自分に拍手してもよいのではないでしょうか。

私たちの１日はドラマティックなのですから。

自利利他

利他の心で経営された稲盛和夫さんでしたが、これは、仏教の教えで自分の幸せと他者の幸せを同時に追求するということです。最初に使ったのは空海だと言われています。

自分さえよければいいという考えでは、わがままになります。でも、自分を犠牲にして人のために尽くすだけでは幸せになれませんし、相手も幸せになれません。

「自利利他」をたとえると……、

◎自分の希望や夢を叶えようと努力している行為そのものが、周りの人を幸せにする

◎相手の幸せを願い、思いやりを持ってかけた言葉や行動は必ず自分の幸せとなって返ってくる

◎自分の利益だけを追求するのではなく、他者の幸せにも目を向けることで人生の意義を見出せる

◎他者への思いやりと慈悲の心を持つことで内面の平和を得ることができる。

自分のための行いが人のためになり、人のための行いが自分のためになる

JETSで大会に臨む際は、チーム一人ひとりが成長することが必須です。センターのメンバーだけが上手に踊れても後ろのフォーメーションのメンバーをおいていってしまうと点数に反映されません。ですから、自分の時間を割いてでもできていない

メンバーを引っ張りあげる必要があります。人のために時間とエネルギーを注ぐのです。

大会に挑む際は、メンバー同士、お互い「教えてもらったなあ」「支えてもらったなあ」「先輩のためにも頑張ろう！」「後輩のためにも頑張ろう！」と、自分のことよりも他のメンバーのために力を尽くしたいと思えることができる学年は、いい結果を残せます。優勝できれば自分にとってもチームにとっても最高の喜びです。「他のメンバーのために！」と思う心がお互いの絆を生み、チームの一体感が演技にも表れます。それが審査員や観客の皆さんに伝わることで得られる結果なのです。

ここまで来るのはなかなか困難に思える学年もありますが、「チームのために」というほんの少しの気持ちの方向性が変わるだけで人は大きく変化するのです。

また、マネージャーの存在もチームを大きく左右します。マネージャー希望の生徒の場合と選手からマネージャーに変わる場合とがありますが、ＪＥＴＳのメンバーにとっても私たち指導者にとっても頼れる存在です。

選手からマネージャーになった生徒は、「踊っているときの方が楽です。マネージャーの方が大変」と決まってそう言います。マネージャーは選手のお世話はもちろん、私と生徒の橋渡しをしたり、チームの状態が悪ければ厳しく選手に物申します。外から俯瞰してチームを見ることで今必要なことがわかります。自分は踊らなくとも選手を輝かせるために利他の心で日々を過ごしています。

ある学年の生徒は入部して間もない頃、わがままで他の生徒から「○○さんとは一緒に練習したくない」と総スカンをくらいました。確かにわがままで偉そうな態度でした。そんな生徒でしたが、みんなから総スカンをくらっても学年が上がるにつれ誰よりもチームのために動ける人物に成長しました。その変貌ぶりには目を見張るものがありました。そうやって成長したその生徒は、最終的には実力もトップクラス。センター集団としてチームを牽引し全米優勝に導きました。

彼女は卒業して10年以上経ちますが、今でもＪＥＴＳや私のためにカになりたいと足しげく練習を見に来てくれます。東京在住にもかかわらず里帰りの際は、いつも「先生、練習行ってもいいですか?」と連絡をくれるのです。本当に感心しますし感謝しています。彼女は社会人になってもチアダンスを愛し、チアダンスで自分に挑戦する姿は現役ＪＥＴＳの鏡です。

自利利他を実践するために、ほんの少しだけ自分を上の方から斜めの方から遠くの方から、客観的に見つめてみてください。その心が湧き出てくるはずです。日本人に備わっている感性のひとつだと思うからです。

悩んだら寝てください

また失敗してしまった……どう思われているだろう……仲間に入りづらい……。

ＪＥＴＳも普通の女子高生です。よく悩んでいるのがうかがえます。竹を割ったような性格だと子どもの頃から言われた私などから見ると、悩んでも無駄なのになぜそんなにグルグル同じことを考えているのかしら？　と理解に苦しむこともあります。

悩む生徒は行動が遅いです。悩む生徒は体が動いていません。口も動きません。人がどう思っているのか聞いてみないとわからないのに、憶測であれこれ考えて悩む。やってもいないのにできなかったらどうしようと悩む。もはや何に悩んでいたのかわからないくらい悩む。「悩むこと」が好きなのではないか？　と思う生徒もいます。悩んで止まっているほど高校3年間は長くはないのです。

3年間という砂時計の砂は落ち続けているのです。もったいない！　一方どんどん前進していく生徒は、動きます。話します。悩みを伝えてくれます。そして解決の糸口を見つけ、あっという間に乗り越えていきます。

私も悩むときはありますが、誰かに相談して解決策を練るか、寝ることにしています。まず寝てしまうのがいいですね。眠る前はお気に入りの音楽を聴いて、何も考えず呼吸だけに集中してみてください。瞑想の一種です。すぐに眠れます。眠ってしまえば考えずにすみます。また朝がきたら違う頭の中になっているはずですから。

今やる
すぐやる
楽しんで
できるまでやる

カリスマ経営者の永守重信さんの有名な言葉「今やる　すぐやる　できるまでやる」に「楽しんで」を付け加えさせていただきました。

生徒に「今やる　すぐやる　できるまでやる」を念仏のように伝えていたときがあります。その言葉に生徒が「楽しんで」をプラスしました。

今やる、すぐやるときは、誰でも楽しんでできるはずです。しかし、すぐやってもなかなかできないとき、「無理だ」「もうだめだ」と弱気になるともう行き止まりです。そこを忍耐力で乗り越えるのです。

ただ苦しそうな顔ではいけません。そこでも笑顔で楽しんでやるのがＪＥＴＳ流です。できている完成した姿を思い浮かべながら真摯に取り組む生徒は、必ず期日までに間に合わせてきます。

仕事も「やらなくちゃ、やらなくちゃ」とぐずぐずしていると、どんどん手が着けられなくなります。今やるすぐやるフットワークの軽い人は仕事も早いですよね。

私も「先延ばし」することがよくあります。今、すぐ、今、すぐ、でも体はひとつなんですよね……。

「人に助けてもらいながら」楽しんでできるまでやるのも大切です。

感謝と敬意

ＪＥＴＳのメンバーは優勝を目標に日々練習を重ねています。そのためにはダンスのテクニックがいちばん重要視されるのではないか、と思われるのではないでしょうか。しかし、その実態は「社会人予備校」のようなもので「ダンス」と同じくらい「人づくり」に重きを置いています。

高校の部活動なので教育の一環であることは言うまでもありません。チアダンスを通して、人間力を向上させることがいちばんの目的です。ダンスだけ踊れても社会では何の役にもたちません。全米優勝の夢を叶えられたのも、目標を「全米優勝する」ではなく「全米優勝できるようなチーム」を目標にしたからだと思います。**「どんな人物になれば全米優勝できるのか？」**ということを生徒たちと掘り下げました。多くのアスリートから学んだのは「感謝」と「敬意」でした。全米優勝して卒業していく生徒には、「全米優勝なんてものは何の役にもたちませんよ」と厳しめに伝えます。高校生で全米優勝するということは、その後の人生の大きな自信になると思いますが、下手な勘違いをしてもらっては困ります。偉そうになったり謙虚さに欠けるような人物になってしまっては値打ちが半減です。そんな教え子はいないと信じたいです。

全米優勝まで積み重ねた人に対する「感謝」と「敬意」をずっと持ち続けられる人でいてほしいと思っています。日本人が大切にしてきた心です。

自分が自分のファン1号になろう

これも入部したときはじめに教えることです。

人は生まれたときご両親が赤ちゃんのファン1号です。目に入れても痛くないという表現があるように、わが子ほど可愛い存在はいません。

しかし、わが子が大きくなるにつれ人と比べ、自分とわが子との違いにおののき、ちっとも思うようにいかないことに苛立ちを覚え、子育てに悩む親の何と多いことか。日本の子どもの自己肯定感の低さがよく取沙汰されますが、そうなる前に教師として何か手立てはないものかと思います。今はSNSで他人からの「いいね」がその人の承認欲求を満たしてくれるそうです。それを否定はしませんが、果たして本当にそうなのかという疑問が生まれます。

JETSの生徒に入部して間もないときに必ず質問することがあります。

「自分のことは好きですか？」

この質問に「はい。自分のことが好きです」と手を上げる生徒は、ごくごくわずかです。「え？　自分のこと好きってどういうこと？」と、逆に手を上げた生徒を驚きの眼差しで見る生徒も多いです。「自分のことを嫌っていてどうやってこの先の人生を歩んでいくのか！」と危機感を感じます。

嫌いな人とは離れられても、自分とは死ぬまで離れられないのです。

生徒たちは、「人より優れているところがない」とか「顔のつくりがどう」とか「スタイルがどう」とか、とにかく人と比べて劣等感を感じるのです。アメリカの大会に行くと日本人の私たちの手足はアメリカ人より短く、顔は、はっきりとしていません。アメリカ人チアリーダーのスタイルの良さや顔立ちの美しさは際立っています。

でも、そんな日本人がアメリカのチームをおさえて優勝してしまうのです。私は、まず日本人の持つ素晴らしさをアメリカで感じましたし、観客の皆さんやアメリカ人チームの選手やコーチが皆さん賞賛してくださいました。自分たちの良いところを目いっぱい伸ばしたからです。足の長さや手の長さで勝負するわけではないのです。

生徒たちには、自分の良さを自分で認めてほしいと思っています。完璧な人などいません。むしろ弱点や短所がチャームポイントになることだってあります。人に何と言われようと自分だけは自分のファンでいてほしいのです。アーティストやタレントの推し活をする以前に自分の推し活をしてはどうでしょう。自分で自分のファンになるのです。自分で自分を応援する姿勢が育てば、必ず周りの人もあなたのファンになってくれるはずです。

さらにＪＥＴＳでは、『致知』という人間学の雑誌を年間購読し人間学を学ぶ活動も行っています。毎月、読書感想文をお互いに共有した後は必ず「美点凝視」というお互いの良い点を伝え合うグループ活動をします。

メンバー同士で美点を見つめることは、伝える方も伝えられる方も嬉しそうです。そうやってお互いを知りながら、活動を続けていくことで卒業するまでには「自分のことは好きですか？」という質問に全員が「はい！」と手を上げるようになります。私はそれが嬉しいのです。きっとこれからも強く生きていけるはずだと思います。

理想は、入部してくる段階で全員が「自分を好き」と言えることです。

そのためには、親がきちんと自分の子どものありのままの姿を認めてやることです。躾は必要ですが、自分は親から「愛されている」「認められている」と実感できるよう接することが必要です。そのために妊娠したら母親になるため父親になるための学びが必要だと思います。私もそうでしたが、何も知らずに親になってしまうのですから。

自動車免許を取得するためには自動車学校があるのに、親になっても入る学校はありません。無免許運転のようなものです。だからこそ一人で子育てせず周りの人を頼りながら自分を磨きながら、いろいろな大人にかかわらせながら育てたいものです。

身なりを美しく整える

競技としてのチアダンスは見た人が「いかに美しいと感じるか」ということが根底にあります。ですから私たちは「美しさ」を重視しています。ＪＥＴＳのメンバーには練習以前に制服の着こなし方はもちろん、練習着の着こなしなどを徹底的に指導します。髪の毛の束ね方にも美しさを求めます。

全校生徒の中にはだらしない着こなしをわざとする生徒もいますが、論外です。

福井商業高校の制服はとても美しいのにもったいないと思います。

ＪＥＴＳの生徒は、ユニフォームを着ていなくても制服の着こなしや立ち居振る舞いでＪＥＴＳだと分かるオーラを纏ってほしいと思います。

駅や電車で見かけた一般の方が「ＪＥＴＳの子はすぐわかる」と褒めてくださることも増えました。美しいダンスを踊りたいなら普段から「美しさ」に対する価値観を研ぎ澄ましてほしいのです。

ＪＥＴＳの中に美しさに鈍感な生徒も稀にいますが、そんな生徒の演技からは感動は生まれません。演技には内面が出ますから。そんな生徒には演技の指導より身なりの指導が先です。そこを抜きにして技の向上はありえないのです。

顔立ちや体格以上に清潔感のある美しさを心がけることが心を磨くことにつながり、同時に技も磨かれるのです。

目を開けて夢を見よう

「ＪＥＴＳに入るなんて思ってもみなかったのですが、先輩が踊っているのを見ていたら、あまりにもかっこいいので勢いで入ってしまいました」

ＪＥＴＳに入部してくる子たちに多い言葉です。先輩たちのように踊りたい！　私も全米優勝したい！　と夢見る美しい心です。

人は夢を見ます。多くの人は眠っているときに夢を見ます。好きな人の夢を見たら、なおさら好きになってしまいます。夢なら好きなアーティストともデートできます。空を飛ぶことだって夢の中なら可能です。ところが目が覚めたらどうでしょう。一気に現実に引き戻されます。あんなに楽しかったのに夢だったのか……もう少し見ていたかったなあ。もう一回寝よう。と、もう一回寝たこともありますが、その続きは見られませんでした。残念……。

では、起きているときに夢を見てはどうでしょう。私は妄想癖があったので、すぐに夢見ることができました。やったこともないチアダンスで全米優勝するという夢です。先人は、宇宙に行く夢、飛行機で飛ぶ夢、海峡のトンネルや島と島を結ぶ橋をつくる夢など、たくさんの夢を叶えてきました。

あなたの叶えてみたいことは何ですか？　目を開けたまま、リアルな夢を見てみてください。わくわくしますよ。

地味なことを明るくコツコツと

華やかな世界で活躍する人は、人知れず地味な努力をコツコツ積み重ねているはずです。ＪＥＴＳの演技もとても華やかですが、練習はかなり地味です。同じことの繰り返しが多いのです。筋トレもバレエの基礎練習も地味な動きの連続です。

ある年、バレエとダンスをやっていたという華やかで存在感のある生徒が入部してきました。さぁ果たしてこの子は、この地味な練習にどれだけ没頭できるだろうかと思いました。その生徒は、経験はあるものの動きに癖があり、悪目立ちしてしまいます。苦戦するその生徒には次の言葉を送りました。

「地味なことを明るくコツコツと」

すると、その生徒は素直にその言葉通り努力し始めたのです。その結果、２年生のときにはＡチームに入り全米優勝に貢献しました。

卒業後は、ダンスの専門学校に行きました。自分の実力のなさに愕然としたらしいのですが、「地味なことを明るくコツコツと」努力したそうです。少しずつ実力をつけた結果、今ではアーティストのバックダンサーとしてライブに出演したり、振付のアシスタントとして起用してもらったり自分の夢を叶えています。

どんなに実力が足りなくても努力し続けることで夢を叶えたその教え子は、後輩たちの憧れであり私の誇りです。

信じて待つ

植物の種をまく。種をまけばすぐに育って花が咲くわけではありません。植物によって芽が出る時期はそれぞれです。
また、芽が出るには日光や雨が必要です。肥料が必要な場合もあります。人間も誰でも伸びる芽があります。私たち親、教師はいつ咲くともわからない種を一生懸命撒《ま》いているのです。そして、太陽の日差しや雨の役割もします。

私は高校教師なので、ある程度育っている状態での生徒と接します。良い状態に見える場合もありますし、これはなかなか手ごわいぞという場合もあります。私は30年教師生活を続けてよくわかったことですが、高校のときの良しあしが、その後ずっと続くわけではないのです。

前任校で手を焼いた生徒たちは、今では立派なお母さんです。その子どもたちは彼女らが高校のときとは比べものにならないほど優秀な場合もあります。立派にわが子を育て上げた教え子たちをたたえたい気持ちでいっぱいになります。
新米教師だった頃は、そんな立派な大人になるなんて想像できませんでした。「この子たち、今のままでは大変なことになる！」と心に毎日警察の赤色灯をつけていたようなものでしたから。今振り返ると、何と了見が狭かったことか。

すでに多くの教え子たちの変化する姿、成長する姿を見届けている私ですから、目の前の高校生が挫折して打ちひしがれようが、どんなに落ち込んでいようが「未来はきっと明るいよ」と伝えてやれます。それは、私が教師という立場でたくさんの生徒たちの成長を見てきたからです。


問題は保護者です。親になったとしても数名の子育てです。

何十人も子育てする人はいません。わが子が泣いて帰ってきたり、悩んで口をきいてくれなかったり、1軍のオーディションに落ちてしまい落ち込んでいたり、仲間と諍いがあって次の日、学校に行きたがらなかったり……そういう状況になったとき一緒に娘と悩まれる保護者の方も少なくありません。

子どもは未熟ですから、自分に非があったとしても人のせいにすることがあります。先生のせい、仲間のせい、人のせいにしていれば気が楽です。本当は自分に非があるのがわかっていても、自分の弱点や悪いところに目を向けるのは勇気のいることです。

最近の小学校や中学校では厳しく叱られることも少なくなりました。小中学校の教師をしている友人たちに聞くと、かなり気を遣っているようです。ですから、高校に入学する前までに厳しく叱責されることのなかったような生徒のほうが多いのです。

そんな小中学校を過ごした生徒が、高校生になって泣いて帰ってきたら、家族としては動揺するでしょう。そんな動揺する中、わが子の言い分を聞いていれば、わが子が被害者のように思えてきます。

さあ、ここが大問題なのです。

「木を見て森を見ず」という言葉があるように、わが子の話だけで判断してしまうのはとても危険なことです。

もちろんわが子の話に耳を傾けしっかり聞いてやるのは親の務めです。苦しみ悲しむ傍らで、

「わが子よ、苦しんでいるね。今は苦しいかもしれないけれど、必ずよくなるときがくるよ」

わが子がその苦しみを乗り越えることを信じてやるのです。これができる方とできない方がいらっしゃいます。下手をするとわが子よりも保護者の方が傷ついてしまう場合もあるのです。

学校でトラブルが起きるのは当たり前です。

学校という現場は、あの狭い教室に40人近くが7時間も一緒にいるのです。部活動でも何時間も一緒に過ごします。家族と一緒にいる時間の比ではありません。生徒に知性や徳性が備わっていれば何のトラブルも起きません。生徒はそれぞれ違った環境で育ち、個性や思考も様々です。そんな集団で自分を鍛え上げるのが学校の役割です。

トラブルや問題が起きると、私は「よし！　私の出番だ！」と腕まくりをしたくなります。生徒同士のこんがらがった糸をほどく役割をします。どちらにも言い分があります。生徒たちはそれをきっかけに自分と相手を理解し成長しようとします。

トラブルがある場合は、どちらか一方だけに非があることは稀です。状況をすべて知っているのは生徒自身です。私も知らないことがあります。保護者はもっと知らないことだらけです。生徒たちは、お互いの思いをとことん話すことで和解していきます。それも人としての成長に繋がる大きな鍵です。「もう口もききたくない」と言っていた生徒同士が、逆に〝心の友〟のような関係になることもあるのです。

ＪＥＴＳの場合は、みんなが高い目標を目指していますから、お互いに対して厳しい目で対応することも多々あります。やる気がなければ生徒から、

「そんな態度なら辞めてほしい」

「一緒に練習したくない」

容赦ない言葉が出てきます。皆本気だから出る言葉です。その子に真剣に向き合うからこそ出る言葉です。そうやってお互い真剣に向き合う中で、自分のやる気のなさを認めた生徒は退部していきます。

退部の際は、必ず退部の理由を全員の前で話させます。皆これまでの感謝の気持ちを伝えます。

「たくさん教えてくれて支えてくれてありがとう」

学校生活ではこれまで通り、JETSの部員と挨拶を交わしたり話したり、一緒に学校生活を送ります。そして、JETSを外から応援し続けてくれるのです。卒業後も公演を観に来てくれる子もいます。チアダンスはもう踊らなくとも立派なチアリーダーです。私は彼女たちからも勇気をもらいます。

生徒同士、部活の中で解決する場合は、素直になれます。生徒はそういう柔軟な心を持ち合わせているのです。ところが保護者の方が入ってくると、そうはいかなくなります。生徒たちの成長は「The End」となり、もうこじれた糸はこんがらがったままです。話し合いをするチャンスも失われてしまう場合があるからです。

保護者の皆さんには、わが子が苦しむ姿をじっと耐えて見守ってほしいのです。

「学校に行けなかったらどうしよう」

「立ち直れなかったらどうしよう」

など不安に思わないでほしいのです。

もし、本当に学校に行けなくなったとしても、それがこの世の終わりではないのです。その子その子に伸びるタイミングがあるのです。親になったら、

「あなたならきっと乗り越えられるよ」

「未来はきっと明るいよ」

そう伝えてください。「うるさい！」と言われたら心の中で唱えてほしいのです。親は忍耐することです。忍耐の修行です。信じてじっと待ってあげてください。


生徒たちは、たくさんの仲間や大人の間で成長します。ＪＥＴＳの場合だとわが子のこともＪＥＴＳのメンバーのことも同じように愛情を持って見守ってくれたら「木を見て森を見ず」にはならないと思うのです。どの子にも必ず伸びる芽がある。たくさんの生徒たちから学んだことです。可能性だらけなのだと。

私たち大人も多少傷つきながら、それを成長の糧にしてここまで来ましたよね。それを忘れないでいただきたいのです。

「キレイすぎる水の中では魚は生きられない」

もっと言うとどんな環境でもたくましく乗り越える力をつけてやることが大人の使命です。生徒たちには嫌われようが恨まれようが、その乗り越えられるだけの力をつけてやりたい。そして、人間力のある大人になるはずだ！　と信じて待つしかないのです。

「わが子は大器晩成」という言葉を親は信念として持ち続けてもいいくらいです。

じっくりゆっくり　これもよし

「コスパ」「タイパ」。よく聞くようになりましたね。さらに「スペパ」という言葉も。次は何パが出てくるでしょうか。

買い物の際は、費用対効果が高いもの「コスパが高いもの」。また、かけた時間に対して効果や満足度が高いことを「タイパが良い」などと言います。ムリ・ムラ・ムダをなくしたいのは誰もが望むところです。

このコスパとタイパが悪い業界があります。それは「教育」の分野です。「人を育てる仕事」はとても時間がかかります。教師の働き方改革が叫ばれていますが、そうそう時短でできるものではないのです。生身の人間と向き合うには、時間がかかります。

JETSでいうと、チアダンスの上手な子を集めて大会に臨む方法が「コスパ」「タイパ」が良いということでしょうか。多分そうした生徒を集めてもチームづくりや人づくりには時間がかかります。

練習もできるだけ短く成果を出したいものですが、やればやるほど突き詰めたくなるものです。休日には1日練習するときもありますが、あっという間に1日が終わります。夕方に生徒が「もうこんな時間だ！」と時間の過ぎるのが早いことに驚くことも多いです。

チアダンスの練習は多岐にわたります。ストレッチに筋トレ、バレエの基礎レッスンにヒップホップのリズムトレーニング、ジャンプ系の練習、ターン系の練習などダンス以前の基礎練習だけでもとても時間を要します。その一つひとつが地味な動きでなおかつ正しくじっくりと取り組まなければ効果はありません。初心者はもちろん、経験者ですら基礎が正しくできている生徒はほとんどいません。入部してから一つひとつ理解しながら頭で覚えて体に染みつくまで反復することが必要です。

そんなことをやっていると時間がいくらあっても足りないのです。飲み込みの早い生徒ばかりではありませんし、お互い教え合ったり学び合ったりしながら練習を進めていきます。私が一方的に教えるスタイルではないのです。自分で主体的に練習に取り組むのがＪＥＴＳ流です。

学校祭でみんなで知恵を出し合って物事を作り上げるスタイルに似ています。学校祭と違うのは、プロのコーチやトレーナの専門的な技術指導が入ることです。その技術をどう身に着け仕上げていくかというのは、学校祭のときのようにそれぞれの責任者をリーダーとする組織で作り上げていくのです。学校祭ではほとんどの生徒が生き生きしています。ある程度の枠の中で自由にできるからです。授業中とは全く違う表情を見せます。ＪＥＴＳの練習も生き生き元気な生徒が多いのは、文化祭方式だからなのです。受け身ではないので時間が早くたつのです。

私は中学校の部活動でバレーボール部に所属していましたが、とにかく早く練習が終わらないかなあと時計ばかり見ていました。先生が一生懸命教えてくれていたので、できが悪くて申し訳ないなあと思いながらも、頭の中は「早く帰りたい」だったのです。先生、本当にごめんなさい……。

JETSでは、生徒同士でじっくり教え合います。一人ができないとその子ができるようになるまで付き合います。それでもできない場合は、練習終了後、自主練して帰るのです。全体練習よりも自主練でできるようになる生徒が多いのは困ったものですが、自主練のほうがじっくりゆっくり自分と向き合えるから良いのだそうです。

かくいう私もどちらかというとじっくりゆっくりタイプです。学生時代、友達と一緒に勉強しようと図書館に行っても、友達のことや周りの本に気が散って全く勉強になりませんでした。

ジェット噴射を目指すJETSですが、生徒たちのことも自分のことも「じっくりゆっくり」見つめる時間を大切にしたいものです。その時間があることで一気に成長できるときがくるのです。

自分の居場所を探す

ＪＥＴＳに憧れて入部してくれる子たちがいるのは、とてもありがたいことです。ただ希望する生徒の中には、どうしてもミスマッチに思える子がいます。入部して一つひとつ練習を進めていく中で、どうしてもリズムをとることができない、踊りを覚えることができない、体力がなさすぎる、など……練習すればするほど顔が青ざめていく子がいます。笑顔どころではありません。

憧れて入部したものの自分のできなさ加減に毎日落ち込む日々。そういう生徒には思い切って退部を勧めます。「放課後のこの2時間をあなたがいちばん苦手なダンスに費やしてもいいの？」「あなた話すのが好きなんだから放送部に入ったらどう？」また、別の生徒には「音楽ができるんだから音楽をやったら？」など。その子に合うものを勧めてみるのです。

そうして退部し、放送部に入り直した生徒はアナウンスで全国大会に出場しました。ＪＥＴＳではなくてもその子がいちばん輝ける場所があるはずです。自信を持っていられる場所があるはずです。

自分がやりたいと思うことがうまくいかない場合、人からのアドバイスを素直に聞いてみると、案外そこが自分の良い居場所になることもあります。

元気　強気　本気　根気　勇気

私たちは毎日実に多くの考え事をしています。あなたの頭の中で考えていることは現実に起きます。私は、良いことも悪いことも考えたことが現実になるということを体験を通して理解しています。

日本一の商人と言われている斎藤一人さんは「天国言葉」を使うといいよ、と提唱しています。私はそれを受けて「気」を使うといいよ、と生徒に教えています。

全米大会で初優勝したあとのことです。初代は入部してから私と一緒にJETSを作り上げていきました。2代目は、先輩と私の強烈な情熱についていくので必死だったと言います。とにかく本気でなければ私からも先輩からも檄を飛ばされたと振り返ります。多分、軽い気持ちで入部したらジェットコースターのようにシートベルトにくくりつけられ、気づいたらアメリカのステージで踊っていたのだと思います。そのくらい激しい2年間だったと思います。

2年生で夢を叶えてしまった2代目は、そのあともう燃え尽きていました。私も燃え尽きていたのかもしれません。精彩さに欠けた生徒たちを指導するのはかなり骨の折れることでした。生徒たちもつらかったと思います。その年は、全国大会で入賞することすらできず全米大会への切符も逃しました。

翌年3代目となったJETSは心機一転！　今年こそ全国大会優勝、全米大会優勝を目指して走りはじめました。ところがです。一度低迷したチームの雰囲気はなかなか元に戻りません。何が足りないのか？　それは「気」でした。私はどんな「気」か考えました。そして次の４つの気をあげました「元気」「強気」「本気」「根気」です。

そして、その４つの気をリズムにして生徒たちに唱えさせたのです。

「元気！　強気！　本気！　根気！」

何度も何度も唱えさせました。４つの気がなくても唱えるだけで元気が出てくるから言葉というのは不思議です。

その年は、全国大会優勝、全米大会優勝の両方を達成しました。

言葉を唱えただけで優勝したわけではありませんが、歴代で最も元気な学年として印象に残っています。

数年後、その４つの気を唱えてもどうもうまくいかない学年がありました。次は何が足りないのか？　４つの気があっても最後の一押し「勇気」が足りなかったのです。すべてを実行に移すのは勇気なのです。そう思った私はさらに勇気を足して

「元気！　強気！　本気！　根気！　勇気！」

と唱えさせたのです。

こう唱えているときの生徒たちの顔はもれなく楽しそうです。本当にそんな人物に

なれそうです。こういう馬鹿馬鹿しいことを楽しんでするのがＪＥＴＳ流です。

その年も全国大会優勝、全米大会優勝です。

言葉の力強さを実感した学年でした。


この「気」のつく言葉。「気」は私たちの命のことだと思うのです。命がキラキラ輝いているのか？　それともうっすらぼんやりしているのか？

私が高校1年生の夏休みのときのことです。「またね！　バイバイ！」と別れた友達が、その日の帰り道に交通事故で亡くなってしまったのです。今でも彼女は笑顔でさようならした高校1年生のときのままです。今思い出しても涙が出ます。

その人その人の寿命というものがあるのでしょうが、せめて親や恩師よりは長生きしたいものです。でも、そう願ってもそうはいかない場合もあります。どうにもならないことです。そんな私たちができることは、毎日を命いっぱい輝かせるということでしょう。

マハトマ・ガンジーの言葉「明日死ぬかのように生きろ。永遠に生きるかのように学べ」のように毎日を生きたいものです。

第4章
成功を手に入れる言葉

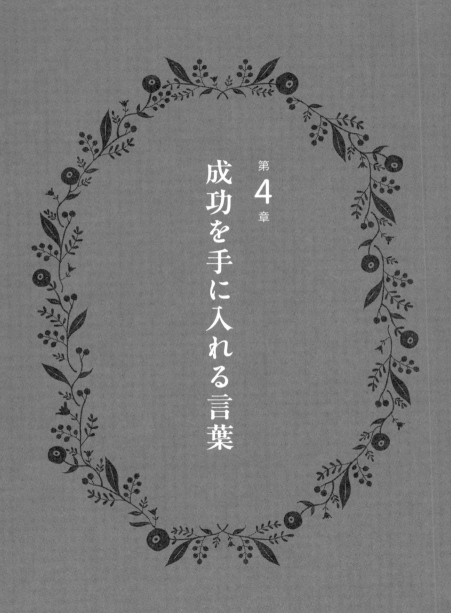

「道」とは美しさの追求

「チアダンスの初心者集団が3年で全米優勝した」というのは当時、相当話題になりました。なぜそんな普通の女子高生たちがチアの本場のアメリカで勝利をおさめることができたのですか？　といろんな取材で質問されました。

確かにアメリカのチームは個人個人の技は際立っていましたし、集団としてもダイナミックでした。個人個人のレベルは私たちより高いのです。しかし、日本人に比べると細部まで細かく揃ってはいないように見えました。

一方、私たちは個々のレベルは劣っていても相当細かい部分まで揃えていきましたから、ひとつの作品としての仕上がりは優れていました。これは、日本人の持つ真面目さや繊細さ、協調性などが演技に反映されていたと言えるでしょう。呼吸や目線もぴったり合わせていますから、見る人を圧倒させたのだと思います。このチーム力が評価されての優勝だったと思います。

ただ、アメリカの大会に行って大変驚いたことがあります。アメリカの大会では、試合前にお互い「Good Luck!」と声を掛け合うのです。また、リハーサルの際に素晴らしい技を披露すれば、脇で見ていて自然と拍手をしてくれるのです。大会のライバル同士でも互いにリスペクトし合う風土があることに心から感動しました。

それから、表彰式では順位の低いほうから発表されていくのですが、1位になれなくてもアメリカの選手たちはチームのメンバー同士をたたえ合いながら小さなトロフィーを嬉しそうにもらっていきます。

日本での全国大会の表彰式で、1位になれなかった2位のチームの代表者が、悔し泣きしながらプレゼンターの方から賞状をもらったときがありました。全国大会で上位に入賞できるようなチームは当然優勝を狙っています。負ければ悔しいのが当たり前です。その後の講評でアメリカ人の審査員がこうおっしゃいました。

「優勝できなくてもこれまでチームでがんばってきたことを認め、表彰状を受け取るべきだ」

アメリカでの経験がある私は納得しましたが、日本のチームは理解するのに時間を要したと思います。

チアダンスの競技も勝利を目指して日々努力するわけですから、負ければ悔しいです。しかし、チアの本場アメリカではお互いをリスペクトする態度がしっかり根づいていました。私たちが大きい優勝トロフィーを持っていると「Congratulations！（おめでとう！）」とあちこちから声がかかります。そして、いかに素晴らしい演技だったかを伝えてくださるのです。真のチアの心、応援の心に触れ心から嬉しさが湧き上がったものです。

私が一目ぼれした「チアダンスの世界」。はじめは単に踊りに感動したのですが、触れれば触れるほどその「在り方」に感動していったのです。演技する人の心の美しさです。チアダンスを通して人として心を磨いて強く美しくなっていきます。

これはまさしく「チア道」です。

例えば柔道には嘉納治五郎先生の「精神善用」や「自他共栄」の教えがあります。前述の前田千代コーチが代表理事を務められる日本チアダンス協会では3つの「スピリット」を提唱しています。

◎「チアスピリット」常に笑顔で人を応援し元気づける
◎「ポジティブスピリット」何事にも前向きな気持ちで取り組む
◎「ボランティアスピリット」思いやりの心を持ち社会に貢献する

日本チアダンス協会の前田千代コーチはじめスタッフの皆さんからはこのような姿が見られますし、チアダンスにかかわる方の多くは素晴らしい方が多いのです。つくづく私は素晴らしい世界の門を叩いたと自分の運の良さを実感しています。

アメリカで生まれた「チア」ですが、日本人の持つスピリットにぴったり合う競技だと思います。私はチアダンスを通しての人づくり「チア道」でこれからも生徒たちや卒業生の教え子たちと社会に貢献していきます。

人よりほんの少し努力する
のがつらくなくて、
ほんの少し簡単にできること、
それがお前の得意なものだ。
それが見つかれば、しがみつけ。
必ず道は開く。

2020年のNHK朝の連続テレビ小説「エール」。数々のヒット曲を生み出した作曲家、古関裕而氏をモデルに描かれた作品です。

その中で、主人公の裕一に担任の藤堂先生がかけた言葉がこの言葉です。

裕一は、内気で引っ込み思案。体育教師からは「気合いが足りない」と怒鳴られていました。そんな裕一でしたが、ある日、蓄音機から流れる音楽に心を奪われ、夢中になって音楽を聴き始めます。やがては自分で作曲するようにまでなります。それでも、裕一は自信が持てません。そこで担任の藤堂先生が裕一に声をかけるのです。

「人よりほんの少し努力するのがつらくなくて、ほんの少し簡単にできること、それがお前の得意なものだ。それが見つかれば、しがみつけ。必ず道は開く」

藤堂先生は、裕一の良さに気づきこのような言葉で裕一の心を動かしました。

裕一は、素直に先生のおっしゃったように作曲に没頭しその道を極めていきます。ドラマのセリフですから本当にそうだったかどうかはわかりませんが、活躍する人の周りには必ずそれを応援する人の存在があります。そしてその応援を素直に受け入れ行動に移すから才能が芽生えたり運が開いていったりするのではないでしょうか。


私は高校3年生の進路選択のとき、教師志望で教育学部を受験することを決めていましたが、小学校専攻なのか、中学校の国語や数学、英語などの教科専攻なのかは決めかねていました。私の目指す大学に入るには私の点数はまったく足りていませんでした。真面目に勉強しなかったからです。

ただ、その大学にはどうしても入学したかったのでどうしたものかと思っていた矢先、担任の先生が「お前、体育専攻はどうだ？」とアドバイスしてくださったのです。私の中にはなかった選択肢です。「体育なら頑張ればいけるかもしれないぞ」と。高校時代はバレーボール部に所属していましたし、それなりに体を動かすのは嫌いではありませんでした。でも、体育教師になる人というのはインターハイや国体など輝かしい戦績のある人ばかりだと思っていましたし、実際高校の体育の先生方はそれぞれの競技の元国体選手ばかりでした。

「体育の先生なんて絶対無理！」と思った私でしたが、その大学にどうしても入らねばならないと思った私は「背に腹は代えられぬ」と体育専攻を受験することにしたのです。そこからは猛勉強です。入試の二次試験は、体育実技はもちろん「国語・数学・英語」の3科目もありましたから。同じ大学を目指す友人たちと励まし合いながら勉強にトレーニングに励んだところ奇跡的に合格したのです。

なかなか模擬試験の点数が上がらない私に担任の先生は「まあ、お前は気合いがあるから大丈夫だろう」と、おっしゃいました。「いやいや、気合いで合格できるほど甘くないでしょ」と心の中でつぶやきながらも先生の私に対する「大丈夫」という言葉は、私を一層やる気にさせてくださったのです。まったく体育教師になるなんて思ってもみなかった私ですが、「私がほんの少し得意なもの」を見つけてくださった担任の先生には感謝の気持ちでいっぱいです。

そして、教師になった今、私は生徒たちの得意なものを見つけてやりたいと思っています。JETSの生徒の進路相談のとき、私の直感で伝えることもあります。初代の部長は、才色兼備でよく気が利く優秀な生徒でした。彼女は膝の故障で手術をし、その後のリハビリで毎日近所の整骨院に通っていました。

将来の夢を聞くと、毎日支えてもらっている整骨院の先生のようになりたいとのこと。私は、「いやあなたは、そうではなくてCA（キャビンアテンダント）でしょ」と伝えました。「私がCAですか?」と怪訝そうでした。でも、英語を学ぶ大学に進学することを決め現在はCAとして活躍しています。映画「チア☆ダン」で、最後に部長役の中条あやみさんがCAになるシーンで描かれています。彼女も自分の得意な分野で道を切り拓いた教え子です。

自分に素直ということ

初代の副部長は2年生のとき「ブライダルコーディネーター」になると言っていました。そして、いよいよ進路選択のときです。私は、ダンスがとても得意な彼女には、東京のチアダンス部のある大学に進学するか東京のチアダンスのクラブチームで踊ってはどうかと勧めました。当時、チアダンスを続けるなら東京がいちばんでした。

その頃は、他の地方にはチアダンスができる環境が整っていませんでした。そこで、大学一覧の本を持ち帰らせ、「何を勉強したいか何学部に入りたいか決めてきなさい」と伝えました。3年生になってしまったら進路選択も待ったなしです。

1週間ほどたったでしょうか、彼女は私にこう切り出しました。

「先生、学びたい学問がありません……」

焦った私は、こう伝えました。

「そんなことないでしょう？　これだけたくさんの大学があるのにないってことはないでしょう？」

ただし、学びたいものがないのに大学に行くのはお金の無駄遣いになるなあとも思いました。困った私は副顧問の小谷恭子先生に相談しました。すると小谷先生の答えはこうでした。

「いっそのこと前田千代先生のところに弟子入りさせるのはどうでしょう?」

私は、思ってもいない回答に「なるほど!」と感心しました。早速、前田千代先生に弟子入りが可能かどうか伺いました。「彼女ならいいですよ」と快諾を得ました。


彼女は、最初少々不安そうでしたが「やりたい!」と意欲を示しました。ただお母さまが首を縦にふりません。

「先生、ダンスで東京に行くなんて、そんな大丈夫なんですか?」

不安を伝えてこられました。今ならJETSの卒業生たちもどんどんダンスの世界に身を投じていますから、了解を得られやすいかもしれません。でも、まだ初代の生徒ですから心配するのも無理はありません。

でも、私は小谷先生の考えはナイスアイデアだと思ったのです。誰よりも踊りが好きで誰よりも真面目にダンスに向き合うこの子なら、必ずダンスで成功できると思いました。クラシックバレエを習っていたことも大きな強みでしたし、何よりもタフなメンタルと体力の持ち主である彼女は、多少の困難などもろともせず東京でも生き抜けるだろうという確信がありました。

また、「チームをどうしたら強くできるか? どうやったら優勝できるのか?」東京に向かう新幹線の中で、ずっと私と意見を交わすことができるくらいＪＥＴＳに対する情熱がありました。人一倍夢を叶えるために心と頭を使い、素直に努力できる人間力も兼ね備えていたのです。

そんな彼女は進路決定の際「自分に素直」でした。「東京に行ってチアダンスを学ぶ」という決意はどんどん強くなっていきました。最後にはご両親も納得し、東京に送りだしてくださいました。そして、見事に前田千代先生のようなダンサー、振付師になったのです。今ではＪＥＴＳの2代目コーチとして全米大会優勝や全国大会優勝の立役者となってくれています。

ほとんどの生徒が大学や短大、専門学校に進学する中、他の同級生とは違う道を進むには勇気が必要です。しかし、自分の気持ちに素直になることで思わぬ道が拓けたのが彼女のケースでした。「自分に素直」になって夢を叶えた初代の生徒。こちらも映画では卒業した数年後、広瀬すずさんがＪＥＴＳのコーチとして戻ってくるというシーンで描かれています。

エンジェルアップ

ＪＥＴＳの生徒の中には、練習では難なくできるのにオーディションや本番になるとガチガチに緊張して、実力を発揮できない子がいます。そんな生徒は、そのことが記憶に刷り込まれ、また次も同じ失敗をしてしまうのです。もうこうなってしまうと負のループから抜け出すことができなくなってしまいます。

そんな生徒に対しては、「エンジェルアップ」を教えます。これは中村天風氏のヨガの秘宝「クンバハカ」のことです。

クンバハカとはまず姿勢を正し、肩の力を抜いて肛門をキュッと締めることです。クンバハカと言いにくいので、お尻を出した天使をイメージして「エンジェルアップ」としました。天風さん勝手に名称を変えてごめんなさい……。

そうやって肛門を締めることで、緊張しても力を発揮できることがあります。練習で「絶対できる！」という確信を持てるまで練習することが必要なのは、言うまでもありません。そういうことをいろいろな生徒に応じて多角的なアプローチをするのも指導の面白いところです。

はっきり　くっきり　すっきり

ＪＥＴＳに憧れて入部した生徒たちのほとんどは素人同然です。そのなかで、自分がかかげた目標を一つひとつ達成しながら、ぐんぐん上達する子がいる一方、なかなか上達せず苦しむ子もいます。そういう子は、決して怠けているわけでもサボっているわけでもありません。みんなと同じ場所で同じ時間を費やし練習しています。

では、上達する子とそうでない子は何が違うのか？

それは頭の中が「はっきり　くっきり　すっきり」しているかどうか。または「潔いかどうか」とも表現できます。

ダンスの上達には体の動かし方のコツや技の習得に必要な細かな注意点が山ほどあります。できる子の頭の中は「ＨＯＷ？　どうやったらできるのか？」で埋め尽くされています。自分のできていないところを「はっきりくっきり」見極め、どうやったらできるかを「はっきり　すっきり」理解したうえで回数を重ねます。

ところが、できない子の頭の中は「ＷＨＹ？　なんで私はできないの？」と、できないことばかり考えてもやもやしながら回数を重ねます。同じ動きをしても、同じことを繰り返しても、回数を重ねれば重ねるほど雲泥の差が生まれます。

ＪＥＴＳでは「夢ノート」以外にも、原田隆史先生考案の目標設定用紙というツールを使います。夢や目標をはっきり書いたものをみんなで共有するのです。この方法は、多くの経営者やアスリートが実践済みです。（原田隆史著『成功の教科書』より）

・チームの目標は何か？
・なぜその目標を達成するのか？
・その目標を達成したとき自分はどんな姿になっているか？
・その目標より得られることは何か？
・予想される問題点は何か？
・その解決策は何か？
・目標を達成するには逆算していつまでにどんなことをやればいいのか？
・目標のためには誰にどんな支援をしてもらいたいか？

これは、一部ですが目標を達成するために必要なありとあらゆることを書き出すのです。これにはかなりの時間を要しますが、書き出すことで頭の中がかなり整理されます。あとは行動に移すだけです。

何も書かずに練習するのはとても危険です。地図がないまま目的地に行くようなものだからです。また、現在のスピードで間に合うのか？　間に合わないのか？　ペース配分もわかりません。

毎日練習していると、何のために練習しているのかわからなくなることもあります。練習のために練習をしている、または一生懸命練習することが目標になってしまうことがあるのです。これでは結果は出ません。

一生懸命練習するけど上達しない生徒は、頭にはっきりした目標や自分が踊れている姿をはっきり思い描くことができません。そういう生徒は顔立ちもぼんやりしています。話し方もぼんやりしています。ぼやけた地図では目的地に行けません。

私は「表情」や「話し方」から察して、踊り以前に「表情を変えなさい」「話し方を変えなさい」という指導をすることも多々あります。目標・夢がはっきりすると「表情」や「話し方」も堂々としてきます。別人のように変化する生徒の頭の中は「うっすら、もやっと」から「はっきり、くっきり、すっきり」になったのです。

もし、なかなか心が変われないなら身の回りの机の中やカバンの中から整理整頓してみるのもオススメです。まずは、小さな引き出しから始めてみませんか？　すっきりしますよ。

すべては感動から始まる

戦後間もない日本で、とある電話機メーカー（後の富士通）がコンピューターの製造を始め、やがて世界有数のコンピューター企業IBMを追い抜き、世界最速の演算速度（当時）のコンピューターを完成させました。

このプロジェクトリーダーだった池田敏雄さんは、当時の部下たちに、

「すべての開発は感動から始まる」

と言っていたそうです。

私のJETSストーリーもまさに最初にチアダンスを見て感動したことが始まりでした。そこから一つひとつ行動していっただけです。

詩人で書家の相田みつをさんの言葉で、

「感動とは、感じて動くと書くんだなぁ」

というものがあります。

芸術作品や日々体験することや、見るもの、聞くもの、これらに触れて心が震えると、人は笑ったり、泣いたり、喜んで飛び跳ねたり、何らかの行動を起こします。

心の振動が大きければ大きいほど、その影響は大きいのです。場合によっては人生までも変えてしまう。そんな力が感動にはあります。あなたの最近感動したことは何ですか？

嘘でもポジティブ

学校の教室で生徒たちが交わす会話の内容は「授業なんて、かったるい」「あの先生嫌い」「この宿題の量ありえない」とか「あー部活めんどくさい」などネガティブワードのオンパレードです。多分、高校時代の私もそうだったように記憶しています。

私は体育教師なのでいろんな種目の授業をしますが、その中でも最もネガティブワードが飛び交うのが「中距離走」の授業です。学校の周りの一般道を走るのですが生徒玄関から出てくるときには、まだ走ってもいないのに絶望的な顔をしている生徒も少なくありません。

確かに年々気温が高くなっていますから、生徒たちの気持ちも理解できます。私たちは、走る授業の季節を変更したり距離を少なくしたり、熱中症にならないように細心の注意を払わなくてはなりません。それでも、中には授業後に保健室に行かなくてはならない生徒が出てきます。

そこで私はある言葉がけをしています。

私「みんな走るの嫌いだよね？」

生徒「はい！」（陸上部以外はもれなく「はい」です）

私「じゃあ、走るの嫌い！　って叫んで」

生徒「走るの嫌い！」（ほぼ全員が大声で叫びます）

私「じゃあ、次は走るの大好きって嘘ついてみて」
生徒「走るの大好き」(笑いながら叫びます)
私「そう！　嘘ついて走るの大好き！　って3回叫んで」
生徒「走るの大好き　走るの大好き　走るの大好き」
私「次は、楽勝って3回叫んで」
生徒「楽勝！　楽勝！　楽勝！」
私「はい！　じゃあ、もうあきらめて走れるよね？」
生徒「よっしゃ！　行くぞー！　オー！」
と言って走っていきます。実に素直な生徒が多いのです。
自分のペースで走るように指導しますから、そうやってポジティブに走った後は達成感と爽快感のある表情になります。一方、ポジティブになりきることができずスタートから黙って辛そうにスタートする生徒は、ゴールした後ぐったりしています。
私は走り方の指導もしますが、それよりも最後は言葉の力を使って生徒のやる気に火をつけただけです。「言葉の力」おそるべし。
言葉ひとつで、気分も行動も変わるのです。それがたとえ心で思っていることとは違っていても嘘でも「ポジティブな言葉」を使うだけで変わるのです。また、心の中でつぶやく言葉も同じです。その言葉は、表情に表れます。

ＪＥＴＳの生徒でも暗い顔や自信なさげに練習している生徒は、決まって足や手の捻挫をします。それを何度も見てきた私は

「そんな顔で練習するとケガするから、笑顔で練習しなさい！」と伝えます。

それでも直さない生徒は、もう練習がいやで仕方ないのです。その結果、捻挫。捻挫すれば練習を休まなくてはなりません。大会に出られなくなることもあります。

ですから、ネガティブな言葉がけ、ネガティブな表情でいることは、個人としてはもちろん、チームの一員としても危険なのです。逆にポジティブな言葉がけ、ポジティブな表情はパフォーマンスを上げます。

あなたの家族や所属するチームや職場の環境はポジティブですか？　ネガティブですか？　もしネガティブな言葉が飛び交う環境なら、まずはポジティブな言葉を投げかけてみてはどうでしょう。嘘でもいいのです。そのうち自分が楽しくなってきますから。トレーニングだと思って始めてみてください。

特に小さいお子さんにはポジティブな言葉のシャワーをかけてあげたいですね。これも親のトレーニングです。良い口癖を親から子へ大人から子どもへ伝えていきたいものです。

失敗談は美味しいおつまみ

私は子どもの頃から、おっちょこちょいで失敗が多く、学校ではよく自分の失敗をネタに人を笑わせていました。一人でいるとき失敗しても、「これ明日皆に言おう！」と、翌日が楽しみだったほど。

特に失敗の多かったのは大学生時代。皆が難なくクリアする水泳やマラソンで、不真面目だった私は数々の失敗を繰り返しました。自分の落ちこぼれさ加減に嫌気がさしました。でも、しばらくすると、そのときの失敗談が友人たちの笑えるネタになります。優秀な子は笑えるネタがありません。友人たちは私の失敗談を引っ張り出してきては笑い合いました。

卒業してもう30年以上経つのに今だに再会するとそのネタで盛り上がれます。腹を抱えて涙を流しながら笑えるのです。私の友人は「あなたがいなかったら大学生活の楽しさは半減していたと思う」とまで言ってくれます。私の失敗談は美味しく笑える「おつまみ」みたいなもの。そうやって私を笑い飛ばしてくれる友人たちに感謝しているくらいです。

私は生徒たちに言います。「今は、失敗して気持ちはどん底かもしれないけど、卒業して皆で会うときは必ず笑い話になるよ」と。失敗した自分を笑えば自分のことを許すことにもなります。それが、また挑戦する気持ちにもさせてくれるのです。

必要な人・もの・ことが続々とやってくる

「自分はこうなりたい」「こんなことをやりたい」と思っているだけで、その思いが現実になるわけではありません。夢や目標を思い描いたら、そこに一歩でも近づこうと努力を積み重ねていく人でないと、チャンスはやってこないし、やってきたとしてそのチャンスをつかむことはできないでしょう。

ただし、やるべきことをやっているにもかかわらず、うまくいかないこともときにはあるのです。

そんなときは、今までの「何かを足していく」という努力から「何かを手放す」という努力に変換すると、ガラッと変化することがあります。

たとえば、私が「テレビドラマに出てくるような情熱を持って生徒と向き合い、生徒のやる気に火をつけ、人生を好転させていくような教師になる」と志を持って努力を重ねていたときのことです。やることなすこと空回りしました。

学校祭の出し物で生徒たちと映画「天使にラブソングを」のゴスペルを歌うことになりました。私がウーピーゴールドバーク役の指揮、生徒たちは英語で初めてのゴスペルを歌いました。

朝の会でも昼休みも帰りの会でも特訓です。ピアノ伴奏の生徒には付きっきりで練習です。映画のようにシスターの衣装もみんなで作りました。本番の歌は、素晴らしく「これまでで、いちばんいい出し物だった」と拍手喝采を受けました。

そのとき私は生徒にこんなことを言われたのです。

「裕子の裕子による裕子のための学校祭」

私の喜びは束の間、生徒たちは私に振り回されたと思っていたのです。生徒のためを思ってやっているつもりが、自分の我を通そうとしていたのだと気づいた私は恥ずかしくなりました。生徒を主役にしていたつもりが、自分が主役になっていたのかと愕然としました。

その後もクラスの生徒たちと球技大会のために学校に泊まって合宿練習したり、授業研究したりと努力したつもりでしたが、どれも空回りしていたように思います。そして、私は「自分がこの学校にいても生徒に何ひとついいことはない」と異動願いを出しました。一度自分をあきらめてやり直そうと腹をくくったのです。

厚木高校の全米優勝のチアダンスをテレビで見たのは、ちょうどそんなときだったのです。自分をあきらめて空っぽにしたとき、私の目に入ってきたチアダンスの世界。「よし！　次はこれをやろう！」とひらめいたのでした。空っぽにした心に湧きあがった感動とひらめきでした。そこからは、不思議と次から次へとチアダンスに近づく人、もの、ことがやってきました。それも寸分違わぬタイミングで。

例えば、前田千代先生にお手紙を出したのが、もしもう1年早かったら断られていたと思うのです。その1年前はとてもたくさんのチームを指導されていたそうなのです。他にも「そんな偶然ある⁉」と思うようなことがたくさん私に起きました。

福井商業高校への赴任もそうです。厚木高校の伊藤早苗先生との偶然の出会い。映画になるきっかけになった全米大会優勝3連覇ＮＨＫのニュース番組。ＮＨＫさんから遅い時間に学校に電話がかかってきたにもかかわらず、たまたま警備員の方が電話を取り、たまたまその時間に職員室にいた私。普段なら絶対職員室にいない時間でした。その放送がなければ映画プロデューサーの平野隆さんの目に留まることもなかったでしょう。平野さん、見つけて映画にしてくださってありがとうございます。

教育者で哲学者でもある森信三先生の「人間は出会うべき人には必ず逢える。一瞬遅からず一瞬早からず」という言葉や、パスツールの「チャンスは準備された心に降り立つ」という言葉。

私がお伝えしたいことは、一人では何もできないということです。「必要な人・もの・こと」それを夢見て、どんなに挫折しても腐らず準備し続けることです。

自分以外はみな先生

「井の中の蛙、大海を知らず」ということわざがあります。自分が見ている世界はほんの一部にすぎず、未知の世界が大半を占めること、知識や見聞が狭いことに気づいていない状態を表す言葉です。

プロ野球解説者の野村克也さんは、自分が〝井の中の蛙〟にならず成長し続けるために、吉川英治さんの小説『宮本武蔵』にある「我以外皆我師（われいがいみなわがし）」という言葉を実践。いろんな人の話に耳を傾け、わからないことは恥ずかしがらずに質問したそうです。

「ＪＥＴＳで全米優勝をするためには何が必要か？」と考えたとき、生徒一人ひとりが自ら学ぶ姿勢を持つことが大切であり、受け身では物事は成し遂げられないと思いました。部活動では、顧問やコーチが一方的に指導するスタイルをとることが多いと思います。私は、それでは限界があると思っています。

「私の目はふたつしかないよ。でも、あなたたち全員がお互いを見合えば、凄い数の目で見ることができるよ。みんなで成長できるはず」

ですから、ＪＥＴＳではメンバー同士で教えたり教わったりするのが基本的な練習スタイルです。「自分以外はみな先生」ということです。

1年生であってもチアダンスの経験者で上手な子は、自分が知っていることや気づいたことを遠慮なく伝えます。「先輩、できていません！」と物怖じせず伝えるのがJETS流です。また、逆に3年生であっても伸び悩んでいるのであれば、ダンスが上手な下級生にアドバイスをもらいます。

下級生の厳しい指摘に対して「なんで後輩のあなたにそんなこと言われなくちゃいけないの」と抵抗する上級生はいません。皆素直に「ありがとう！　助かる！」と受け入れます。また、ダンスが上手だということで威張る生徒もいません。

少しでも上手になりたければ先輩だの後輩だの考えている暇はありません。皆から少しでも良いところを吸収しようと切磋琢磨します。「自分以外は皆先生」精神を取り入れたのは、チームのため、メンバー全員がダンスはもちろん人として成長するためだということを伝えているからです。

「ダンスが上手というだけで、人間的にすぐれているわけではない。またダンスが下手ということが人間的に劣っているわけでもない」

「部員同士が互いにリスペクトし合うこと」

このようにメンバーに話しています。

ただ、どうしても人の言うことに耳を貸さなかったり、アドバイスに対して不満そうな顔をしたりする生徒もいます。そういう生徒は毎日時間をかけて練習しても上達しません。なぜ素直になれないのか？　そういう生徒を見ているとすべて自己中心的な考えになっているのが分かります。自分のことばかり考えて完全に心を閉ざしています。そんな生徒たちを何とか変えたいと思う一心で、私はラップ調で歌にしてみました。

「心開いて　よく見て聞いて　自分以外は皆先生！」

そして、生徒たちにも歌わせたのです。

胸の前で手を開いて「心開いて」とジェスチャーをつけると、本当に心が開くような気になるからこれまた不思議です。頑なだった生徒たちも少しずつ心を開き、自分から学ぶ姿勢「自分以外は皆先生」を実践し始めます。

教えてもらったことは、その人からのプレゼントです。大事に受け取り、成長につなげれば、教えたその人も嬉しいですよね。Win-Winの関係になります。そうやって一つひとつの関係ができて、ようやく優勝するためのチームの結束が強まっていくのです。

少欲知足

「少欲にして足るを知る」はお釈迦様の教えです。禁欲的な感じがするのですが、お釈迦さまは必ずしも人間の欲望を否定したわけではありません。なぜならば、お釈迦様も「みんなを救いたい」という、とてつもなく大きな欲望を持っていたからです。

この言葉は、ひとつの欲が満たされても、また新たな欲望が生まれ、無限に膨らんでいく欲望で、いつまでたっても心が満たされない人間に対する戒めなのだと私は解釈しています。私が創部当初かかげた夢は、みんなから「ありえない」と言われるほど大きな欲でした。また、「生徒たちの可能性を引き出したい」という欲望を抱いていました。これもまた、決して小さくない欲望です。

この夢や欲望を追いかけ続けて、今のＪＥＴＳは見る人に夢と希望と光を与えることができるようになりました。私たちが夢と希望と光を与えられるようになったのは、私たちが欲しいままに欲望を満たしたからではありません。

今すでに与えられている〝小さな幸せ〟を数え、仲間、コーチ、家族、友達、周りにいる人々に感謝する、ということを私も生徒たちも行ってきました。

私たちＪＥＴＳにとっての「少欲知足」は、大きな夢・目標に向かいながら、今すでに与えられている〝小さな幸せ〟を数え、感謝することだと思い、日々実践しています。

誰よりも輝いたJETS

２０２０年春。ＪＥＴＳはラスベガスでの全米大会で２部門の優勝。最高の気分で帰国しました。しかし、ほどなくして学校は休校。ちょうどコロナ禍に突入した時期のことです。

4月から3年生になる生徒から電話がかかってきました。2年生の頃から体調不良を訴えることが少しずつ増えていた生徒です。

「先生、私脳腫瘍になってしまって……明日緊急手術することになったんです……」

話を理解することができず、

「え……お母さんと電話かわってちょうだい！」

そして、お母さまから説明を受けました。お母さまもかなり動揺していらっしゃいました。吐き気がするということで数日入院していたのですが、検査の結果、脳に腫瘍が見つかったというのです。髄芽腫《ずいがしゅ》という小児がんの一種でした。

誰よりも明るくカラッとした性格の彼女は、チームのムードメーカーです。そして何よりもダンスが好きな生徒でした。

「手術怖いよね……」と泣きながら言う私に、「怖いです……」と号泣しながら答える彼女でした。でも、彼女はＪＥＴＳです。私は、こう伝えました。

「絶対にお医者さんに治してもらうんだよ。お医者さんにしっかり頼むのよ！」

「絶対に治して、また皆と一緒に踊るんだよ！　絶対だよ！」

そう檄《げき》を飛ばす私に泣きながら大きな声で「はい！」と返事をしてくれました。


そうして翌日、手術の日を迎えました。14時間にも及ぶ長い長い手術。コロナ禍で病院の中に入ることができません。私は病院の前まで車を走らせ車中で、

「治れ！　治れ！　どうか治してやってください！」

と叫びました。その後の連絡で手術が無事成功したことがわかりました。皆で大喜びしました。ほっと一安心でしたが、手術後なかなか意識がもどらず……藁をもすがる想いでお母さまが、彼女の耳元で音楽をかけました。その音楽はサンボマスターの「できっこないをやらなくちゃ」です。練習でもイベントでも何度も何度も踊ったＪＥＴＳのテーマソングです。

「あきらめないでどんなときも　君ならできるんだどんなことも」

すると、ツーッと涙が出てきたというのです。病に打ち勝とうと必死で闘っていた彼女の魂に響いたのでしょう。その後、意識が戻ったそうです。

彼女を待っていたのは辛いリハビリの日々です。あんなに元気に毎日踊っていたのに今は食べることも話すことも字を書くこともできません。立つこともできない日々

が続きました。しかし、彼女にははっきりした目標がありました。

「必ずまた皆と一緒に踊る！」

ＪＥＴＳのＯＧがその病院に勤務していたので、彼女のことはそのＯＧから様子を聞くことができました。お医者さまや看護師さんが、彼女のことをとても褒めているというのです。診察したりお世話したりすると「ありがとうございます！」としっかり挨拶してくれると。そのＯＧは「私は彼女が誇らしいです」と感心していました。

元気なときに明るく挨拶することは、ごく簡単なことです。しかし、痛みや不安に苛まれる状態が続く中で、そうするのは容易いことではありません。ＪＥＴＳでは部活以外のところでもＪＥＴＳらしく過ごすことを「ピンＪＥＴＳ」と言っています。入院中も彼女は「ピンＪＥＴＳ」でいたのです。

私は、彼女に入院中に「もう治ったイメージ」そして「また自分が踊っているイメージ」をひたすら繰り返すよう指示しました。これは、動けなくてもできるイメージトレーニングです。ＪＥＴＳでは、ダンスのイメトレや優勝しているイメトレを毎日繰り返します。それと一緒です。その効果もあってか、彼女は3か月ちょっとで仮退院するまでに回復したのです。

久しぶりに学校の練習場に来た彼女にメンバーは大喜びです！　彼女も本当に嬉しそうです！　しばらく談笑して、またしばらく会えない彼女のためにサンボマスターの「できっこないをやらなくちゃ」で全力エールを送りました。

見送る際に私は彼女にミッションを課しました。

「11月の文化部発表会では皆と一緒に踊るのよ」

市内の大きなホールで行われる文化部発表会という学校行事で全校生徒の前で踊ることを命じたのです。すると、彼女はまた大きな声で

「はい！」

と返事をしたのでした。

しかし、ここから彼女の辛いリハビリの日々がまた始まります。次は明確な期限がありますす。一時は立てない、歩けない……そんな状態からチアダンスを踊るというのですから並大抵の努力ではクリアできない目標でしょう。でも、彼女は、

「絶対また皆と一緒に踊る！」

という強い想いと信念がありました。

そして、11月文化部発表会の当日。彼女はステージのセンターに立っていました。先生方や全校生徒が見守る中、「できっこないをやらなくちゃ」のイントロが流れます。

彼女はＪＥＴＳの最前列のセンターで力強く踊り始めました。観客みんなが固唾を飲んで見守ります。彼女は笑顔で最後まで踊りきることができたのです。それを見てみんな号泣です。私も彼女の本当に**「強く優しく美しい」**姿に感動し涙が溢れました。

本当に「できっこないをやらなくちゃ」を成し遂げた瞬間でした。

それからも彼女は入退院を繰り返しながら、治療とリハビリを続けました。どんどんイメージ通りに回復していきます。そんな彼女は、私に会うと必ず「先生もお体大切にしてくださいね」と気遣いの言葉をかけてくれます。「何て凄い子なんだろう」とその人間力に驚きました。

卒業式の後には彼女の大好きな映画「アラジン」の数々の曲で繰り広げるＪＥＴＳのショーを開催しました。もちろん彼女も出演者の１人です。涙なくしては見られない感動的なショーになりました。

「絶対また皆と一緒に踊る！」

という強い信念と周りに対する感謝の気持ちが、彼女の命を輝かせました。

その後の彼女はというと……。

現在、病気は寛解し、今では子どもたちにチアダンスを教えています。

歴代で最もＪＥＴＳらしく輝いた生徒です。

笑う門には福来る

私の義理の母は、いつも笑顔で過ごすスーパーおばあちゃんでした。大正生まれで戦争も福井の大地震も乗り越えた人です。１０４歳で亡くなりましたが、亡くなる１年前までは自宅で過ごしました。

嫁の私は、ずっとスーパーおばあちゃんの世話になりっぱなしでした。ＪＥＴＳの練習で土日もなく、帰りも遅い私をよく気遣ってくれました。「ちょっとは休みねま」福井弁で「少しは休みなさい」という意味です。留守がちな私に代わり１００歳を越えても家事をしてくれたスーパーおばあちゃん。

彼女は「耳が遠いの。どうもならんわ」と笑い、鍋をこがし「どうもならんわ」と笑い、下着を汚し「どうもならんわ」と笑うのです。自分の老化現象を常に笑って過ごしていました。少しご機嫌ななめのときは必ず鼻歌を歌っていました。「んー。何か悪いことしたのかなあ」と考えてみますがわかりません。私にはほとんど小言を言わないのです。孫ほど年の離れた私に言ってみても仕方ないとあきらめていたのかもしれません。きっと若いときからそうやって自分で自分の機嫌をとっていたのでしょう。

私は彼女のまだ半分しか生きていないのかと思うと何だか毎日とてもエネルギーをもらっていた気がします。いくつになっても笑って過ごしたい。彼女は私のロールモデルです。私の母とともに陰でＪＥＴＳを支えてくれた恩人です。

感謝の心が大きなエネルギーになる

ＪＥＴＳは２００９年に全米大会で初優勝してから、２０２０年までの12年間で９回の全米優勝を成し遂げました。

福井の県立高校でダンス初心者の生徒たちも多いなか、なぜ９回も優勝できたのですかと、よく尋ねられるのですが、ＪＥＴＳには感謝の気持ちを大切にしているメンバーが多いからではないかと私は考えます。

創部当時メンバーに「全米大会で優勝する」と宣言してから、大勢の方に応援していただき、私たちは３年で優勝することができました。ＪＥＴＳが優勝したことで、夢と希望を持って入部し「先輩たちのように私たちも優勝する！」と日々精進するメンバーがいて、今も応援し続けてくださる方たちがいます。

感謝してもしきれないほど、たくさんの方に助けていただき、メンバーは支えてくださる人たちの喜ぶ顔が見たい！　と優勝を目指してきました。そういう〝感謝の連鎖〟がこれまでの結果に繋がったのではないかと私は思っています。

感謝の心は、数値化することも肉眼で見ることもできませんが、何か大きな力、エネルギーを発するのです。

私にとって「感謝」は、まず「今ここにいる」ということです。なぜなら、一人の人間が誕生するのは奇跡に近いことだからです。私たちには父と母がいて、祖父母がいて、さらにその父と母がいて、それがずっとずっと続いているのです。命が連綿と繋がっているのは奇跡でしかありません。五十嵐裕子のご先祖様を遡っていくと膨大な数になります。

生徒たちにもそれを伝えると「ほんとだ！」と改めて驚きます。歴史の教科書を見るといろんな絵が出てきます。写真を発明する前はずっと絵でした。そんな教科書の絵を見ていても自分と関係があるとは思わないでしょう。でも、実は私たちのご先祖さまがその絵の中にいるかもしれないのです。

飢饉や合戦で死人も描かれていますが、その方に子どもがいなければ、その方の命のバトンはそこで終わりです。ですから現代に生きる私たちの命は、氷河期や自然災害の危機、飢饉や合戦、空から爆弾が落ちてくる戦争、これらの危機や困難を乗り越えられた強運の持ち主から受け継がれたものです。

これまで命のバトンが一度も途切れることがなかったから繋がっている私たちの命。ご先祖様誰一人欠けても私は今ここに存在しないのだと思うと感謝の気持ちがあふれ出てくると同時に、エネルギーが湧いてきます。

今、五十嵐裕子がここにいるのは奇跡。

そう思うと「積極的に前向きに精一杯生きる！」と思わずにいられません。私はお墓参りに行くととても心が落ち着くので、よくお墓に足を運びます。祖父母が私の活躍を見て喜んでいてくれると感じます。いつも私を応援してくれた祖父母の声が聞こえてきます。たくさん愛情をかけてくれました。家族をはじめ多くの人が今の自分を支えてくれているのです。次は私が愛を伝える番です。

ＪＥＴＳの生徒にもことあるごとに感謝リストを作るように教えてきました。大会に出る前やイベントの後など誰にお世話になったかをリストアップしていきます。そうする度に生徒たちは感謝しながら、そういう人にもっと喜んでもらおうという気持ちになります。その心が生徒たちに大きな力をエネルギーを与えてくれるのです。そんなエネルギーを持った生徒たちは頼もしく見えます。エネルギーが充満しているのが見えます。目には見えないけど感謝のエネルギーを感じるのです。

私は毎朝、命のバトンを感じ今自分がここにいることに感謝をしています。「人生二度なし」森信三先生の言葉です。この命に感謝して毎日精一杯生きたいという思いです。それも笑顔で。平澤興先生の「人生はニコニコ顔の命がけ」という言葉にもあるよう、もちろん笑顔で。

あとがき

数々のご縁に支えられながら

運命というのは実に不思議なものです。

私がＪＥＴＳの顧問となり3年で全米制覇、そして映画化にドラマ化、そして現在もＪＥＴＳの指導を通して社会に元気を伝え続けていられる、このようなことは私の実力以上の出来事であり、あまりにも運が良すぎます。

私の運命を変えたのはチアダンスとの出会いでした。

その頃、私は30代後半で保育園に通う娘の子育て中。仕事の帰りに実家に預けた娘を迎えに行き、自宅に帰って義理の母と夕食を食べ、そそくさと娘とお風呂に入り、娘と一緒に寝る。夫は単身赴任。夫の手は借りられない時期でした。実家が近いお陰で、父と母に育児のほとんどを任せながらの子育てだったように思います。

そんな中でチアダンスの世界に没頭し、生徒たちと「全米大会優勝」という夢を叶えたのはちょうど40歳のときでした。

私は論語の「四十にして惑わず」という言葉が頭に浮かびました。

「私は、これからもチアダンスを通して人づくりをする！」

私をチアダンスというもの、そしてＪＥＴＳを与えてくれてありがとう！　と感謝の気持ちが溢れました。

そして私の40歳代は、毎年のように全米大会に行かせてもらい、ほぼ毎年のように優勝させていただくという、これまた運の良い10年でした。

「毎年プレッシャーじゃないですか？」

たくさんの方に心配された質問です。

私の答えは「いいえ」です。

プレッシャーも何も高校生は毎年入れ替わりますから、昨年優勝したメンバーで踊るわけではないのです。プレッシャーなど感じる暇もないほどです。毎年違う生徒たちが入学してきます。毎年同じ方法ではうまくいきません。悪戦苦闘していることの方が多いのです。その中で生まれたのが本書の言葉の数々です。

その成果もあってか、結果を出し続け、人としても大きく成長する生徒たちは私の誇りとなりました。

一方こんな私もいました。3年生が卒業する頃になると、
「もう卒業か……やっと育ったのに……やっと良いチームになったのに……」
など、やや感傷的になってしまうことが増えました。

50歳を目前にする頃、教え子たちは立派な社会人となって、それぞれの世界で活躍しているのを耳にするようになりました。海外や国内でプロダンサーになった卒業生。プロ野球の巨人や阪神のチアリーダーになった卒業生、また、キャビンアテンダント、警察官や消防士、保育士、教師、看護師、美容師など専門職に就いている卒業生。

その中でも特筆すべきは、初代メンバーの三田村真帆が前田千代コーチの後を引き継ぎ、コーチとしてJETSの指導者になってくれたことです。並々ならぬ努力を重ね6回の全米大会優勝に導いています。優れた作品に贈られるコレオグラフィー賞も国内外で5回も受賞できるほどの実力です。また、映画「チア☆ダン」でダンス指導を務め、ドラマの「チア☆ダン」では劇中の作品を手掛けるカリスマコーチになりました。彼女には私もJETSのメンバーも全幅の信頼を寄せています。

そんな教え子たちの活躍を見ていると、

「このままではいけない。私も次のステージに行かねば！」

という衝動にかられました。

そこでひらめいたのが福井で「ＪＥＴＳショー」を展開することでした。

全米大会で優勝すれば、地元の新聞やテレビで報道されます。しかし、実際に地元福井で演技を見ていただく機会はとても少なかったのです。

２０１９年、第1回ＪＥＴＳショーの開催。2日間で6回公演です。

開演前から地元の方が長蛇の列で待ち構えてくださっています。その混雑ぶりに会場はやや混乱。定員２００名のホールですが、立ち見が出るほどの満席です。

いよいよ、約1時間のショーの始まりです。

全国大会で優勝したチアダンス作品やその他のダンス作品はもちろん、初代ＪＥＴＳの3年間をダンスとお芝居で描く「ＪＥＴＳヒストリー」も演目のひとつです。映画「チア☆ダン」をギュッと凝縮したような内容です。脚本と演出は私。素人の脚本にＪＥＴＳのお芝居。どうなることやらと思いましたが、お客様は楽しんでくださっていたようで安堵しました。

フィナーレはJETSのテーマソング「できっこないを やらなくちゃ」です。JETSメンバー全員で全力エールを届けます。お客様の中には、泣いていらっしゃる方もいます。大会作品ほど難しいテクニックは入っていない比較的簡単なダンスですが、サンボマスターさんの楽曲の素晴らしさがドーンとお客様の心に響くようです。JETSのチアスピリットが会場中に充満し、何ともいえない雰囲気に包まれました。

「ここは福井のパワースポットだ！　JETSがパワースポットになる！」

私の中で何となくうっすらぼんやりしていた夢が、はっきりくっきりしました。

「福井にチアを見に来てもらうこと！　元気勇気を人々に与え続けること！」

そのとき、私はちょうど50歳。全米初優勝から10年が経っていました。

これまでアメリカを目指していたJETSでしたが、次は世界から福井にJETSを見に来てもらう作戦です。もちろん今後もアメリカを目指すことに変わりはありませんが、JETSでより大きな社会的貢献をしたいと思うようになったのです。

論語の続きは「五十にして天命を知る」とあります。

私は、また次の夢、使命を手にすることができたのです。

論語の最後に書かれている教えに、こうあります。

「天が命じる使命を知らなければ君子とはいえません」

私はまだ君子には程遠いですが、自分の命、エネルギーをどこに費やせばよいか、気づけただけでも大きなことです。

哲学者の安岡正篤先生は、おっしゃいます。

自分がどういう素質能力を天から与えられているかを「命」という。それを知るのが「知命」。知ってそれを完全に発揮していく、即ち自分を尽くすのが「立命」という。命とは先天的に賦与されている性質能力であるから「天命」と謂い、またそれは後天的修養によっていかようにも変化せしめられるという意味において「運命」ともいう。

「宿命」というのは、自分では変えられないもの。一方、運命は自分次第でどうとでもなるということなのでしょう。自分次第といっても「自分だけ」の力ではどうにもならないのが人生です。運命の出会い、運命の人、人生を左右するのは「ご縁」だとつくづく思います。

2020年4月。コロナ禍真っ最中。私は一般社団法人チアドリームプロジェクト（愛称：チアプロ）を設立しました。先述の「世界から福井にJETSを見に来てもらう作戦」を具体的に始動させたのです。合言葉は「チアのまち福井の実現」です。最初は卒業生4人のメンバーが参画してくれました。この4人はいずれも全米大会優勝経験者。このメンバーとJETSとで一緒に、2020年から毎年定期的にショーを展開しています。単独で行うJETSショーも毎年2回行っており県内外のお客様で賑わっています。

福井からチアを発信していますので、読者の皆さんにもぜひ一度足を運んで見ていただきたいです。百聞は一見に如かず、ダンスに興味のない方でも楽しめる内容です。チアスピリットで皆さんに元気になっていただける「見るサプリメント」。高齢者の方にも「若返ったわぁ」と評判です。

さらに全米大会で優勝した経験をふまえ、小学校や中学校で「夢を叶える授業」も行っています。JETSが夢を叶えた秘訣や「夢ノート」の書き方を伝授。子どもたちの目が輝きます。ほんの少しのきっかけや考え方の変化で人は変わりますから。

2024年は北陸新幹線が福井・敦賀まで延伸となり、様々な団体が福井で全国大会を開催しました。チアプロもJETSも引っ張りだこ。「地味な福井に来た」と思いきや、華やかな「チア」で多くのお客様に感動していただき、福井の新たな魅力をお伝えできたのは嬉しいことです。

福井に来たら誰もが元気になる「チアのまち福井」。

チアを見て元気に！　一緒にチアを踊ってもらい元気に！

また、踊らなくても応援する心（チアスピリット）で元気に！

そんな「チアのまち福井」の実現が次の夢です。


現在、私は56歳になりました。

論語の続きは「六十にして耳順《したが》う」です。

これはチアプロのメンバーや卒業生がチアダンサーとしても人間的にも成長し、私が耳順えるよう、頼りになるような存在になることです。

すでに彼女らの活躍は福井で徐々に浸透しています。ダンサー、振付、チアダンスチームの育成、事務局としてのお仕事、などいくつもの仕事をしなければなりません。

さらに今から私たちがやろうとしていることは、誰もやったことのないプロジェクトです。0から1を生み出すのは苦労の連続かもしれませんが、全米制覇を成し遂げたメンバーです。必ずチアのまちの実現を成し遂げるはずです。

「いつだって人は変われる」

私自身がこれだけ変わったから、そして生徒たちが驚くほど変わったから、自信をもってお伝えできる言葉です。

偶然の出会い、それは人、言葉、出来事、ニュース、かもしれません。いつも心に太陽を持ってください。太陽がなければ何も育ちません。本書の言葉が少しでも太陽のような明るい心になるきっかけになったら嬉しいです。最後まで読んで下さり心より感謝申し上げます。

最後になりましたが、いつも私を支えてくれている副顧問の梶田実紀先生、小林知秋先生、吉原由紀子先生、三田村真帆コーチ、惟紗希コーチ、近藤仁先生、山岸菜花さん、皆さんのおかげで今年は3年ぶりに優勝させていただきました。いつも熱いご指導ありがとうございます。

それからJETSのこれまでの実績は、伝統ある福井商業高等学校のおかげだと思っています。鈴木利英校長、粟田浩視教頭はじめ歴代の校長先生教頭先生、副顧問の先生をはじめ教職員の先生方には本校での20年間お世話になってばかりです。いつも助けていただき、ありがとうございます。

そして、歴代のＪＥＴＳ、あなたたちは私の誇りです。感謝！　そして保護者の皆さま。娘さんの成長を感じていただけたら嬉しいです。ご支援に感謝いたします。

それから、一般社団法人チアドリームプロジェクトの理事で多大なるご協力をいただいている株式会社トゥー・アー・ティー堀内康代社長、このプロジェクトに参画してくれた久保田真唯、片岡美優、白木結女、牧野唯羅、安野未彩、ともに道を歩んでくれて感謝です！

また、いつも私の味方でいてくれる夫、今だに頼らせてもらってばかりの父と母、そして今では私を叱咤激励までしてくれるようになった頼もしい娘。いつも力をもらっています。心からのありがとうを伝えたいです。

最後に編集者の鈴木七沖さんはじめ内外出版社のスタッフの皆さま、私にチャンスを与えてくださり、より幸せな人生を歩めそうです。心より感謝申し上げます。

２０２５年１月吉日

福井商業高等学校チアリーダー部ＪＥＴＳ

顧問　五十嵐裕子

著者プロフィール

五十嵐裕子（いがらし・ゆうこ）

1968年福井市生まれ。保健体育科教諭。福井県立藤島高校、福井大学教育学部卒業後、県立高校の教諭として30年以上教鞭をとる。2004年福井県立福井商業高等学校に赴任、チアダンス未経験ながら「全米優勝」を掲げチアリーダー部JETSを立ち上げる。チーム結成からわずか3年で全米大会初優勝。これまで通算9回の全米大会優勝を成し遂げる。初優勝までの3年間が映画「チア☆ダン～女子高生が3年で全米制覇しちゃったホントの話～」で描かれ話題となる。2018年にはNYカーネギーホール公演も成功させ、日々生徒たちと挑戦し続けている。

いつだって人は変われる

夢をかなえる魔法の言葉

発行日　2025年3月1日　第1刷発行

著　者　五十嵐裕子

発行者　清田名人

発行所　株式会社内外出版社
〒110-8578 東京都台東区東上野2-1-11
電話 03-5830-0368（企画販売局）
電話 03-5830-0237（編集部）
https://www.naigai-p.co.jp

印刷・製本　中央精版印刷株式会社

JASRAC 出 2500329-501

ISBN 978-4-86257-723-8 C0030